Une si vive
résistance

ISBN : 978-2-917770-19-1
Deuxième édition
Dépôt légal : février 2011

Une si vive résistance

entretien avec **Claude Alphandéry**

Rue de **l'échiquier**

Préface d'Edgar Morin

Ma formule favorite est : « Tout ce qui ne se régénère pas dégénère. » Car je sais que rien n'est irréversiblement acquis. Il y a les scléroses, les dérives, les dégradations. Combien en ai-je connus qui se sont sclérosés, dégradés, ou se sont laissés dériver bien loin de ce qu'ils furent ou de ce qu'ils espéraient, désiraient. Aussi cette formule m'aide-t-elle à tenter de rester fidèle aux aspirations de ma jeunesse.

J'avais connu, assez peu, Claude, juste après la Libération. C'était une soirée « progressiste », comme on disait alors pour qualifier tout ce qui était procommuniste. Le poète Anselme y avait déclamé son poème « Un bateau yougoslave est entré dans le port de Marseille », où il exaltait le régime de Tito. Ce dernier n'avait pas encore été excommunié par le Kominterm (et après l'excommunication, Anselme transforma le bateau yougoslave en bateau bulgare).

Au cours de cette soirée, Claude me pressa d'essayer de convaincre son ami, le poète Pierre Emmanuel, de rallier les rangs du « progressisme ». Il était chaleureux, ardent, enthousiaste.

Nous étions l'un et l'autre animés par l'aspiration à l'émancipation des exploités et des humiliés, à la fraternité internationale, à un monde meilleur — ce que nous annonçait le communisme comme idéologie —, et nous pensions que la victoire du communisme en 1945 allait débarrasser l'URSS de ses scories et altérations (que nous attribuions à l'encerclement capitaliste et au poids rétrograde de la Russie tsariste).

Depuis, nous avons, chacun selon son expérience, perdu toute illusion sur l'URSS. J'ai cheminé de mon côté, au sein du CNRS ; lui, au sein du monde financier et bancaire, tous deux ne nous rencontrant que fugitivement. Et puis, voici quelques mois, alors que, dans ma recherche de voie nouvelle pour l'humanité, je découvrais l'intérêt et l'importance de l'Économie sociale et solidaire, je rencontre pour de bon Claude Alphandéry, et quel n'est pas mon bonheur de constater qu'après presque soixante-dix années de cheminements tellement différents, nous sommes restés les mêmes, je veux dire, avec les mêmes aspirations de jeunesse, mais cette fois, sans illusions, chacun ayant découvert les complexités humaines et les complexités des problèmes. Quelle joie, depuis, de retrouver, à chacune de nos rencontres, cette juvénile ardeur, cet élan pour le bien collectif, cette âme militante, non plus au sein d'un même *parti*, mais au sein d'un même *pari*. Il porte en lui le principe de la régénération permanente, qui est celui de la vie. Il n'a pas dérivé, il ne s'est pas sclérosé, il ne s'est pas dégradé. Il s'est bonifié.

À lire ce livre d'entretien, je découvre tant de ressemblances de fond, dans notre aventure de vie, alors qu'il y a tant de dissemblances dans nos carrières. Et aujourd'hui, notre convergence m'enchante, m'encourage, m'aide à continuer, et je souhaite que cette petite préface l'assure de ma fraternité non rhétorique, mais ressentie en mon âme, mon esprit et mon cœur.

Edgar Morin

« Les maquis étaient des endroits où l'on avait du temps et où l'on discutait beaucoup »

Parlez-nous tout d'abord de votre expérience de résistant qui, par bien des aspects, semble avoir été déterminante dans votre vie. En 1940, lorsque l'armée allemande envahit la France, vous avez dix-huit ans.

Lorsque la guerre a commencé, j'étais en classe préparatoire, en hypokhâgne, à Bordeaux. Puis j'ai entamé une khâgne à Lyon. Je faisais partie des nombreux porteurs de petits journaux, j'assurais quelques liaisons, jusqu'à ce que je quitte le lycée, en janvier 1942, pour m'engager complètement dans la Résistance.

Vous devenez, en 1943, chef départemental en Drôme et en Ardèche, puis président du comité départemental de Libération de la Drôme…

…et lieutenant-colonel des Forces françaises de l'intérieur. J'avais participé à de nombreuses missions, en particulier en Ardèche, avant qu'Alban Vistel, le patron de la Résistance en Rhône-Alpes, fasse appel à moi, en juillet 1943, « pour remettre de l'ordre » : j'avais tout juste vingt ans. Quand j'ai pris mes fonctions, il m'a dit : « C'est un vrai merdier. » Et en effet, la Résistance était éclatée au point que les tentatives pour créer un comité départemental de

Libération dans la Drôme avaient, jusque-là, systématiquement échoué.

Des conflits déchiraient ceux qu'un combat commun aurait dû rassembler : au sein des Mouvements unis de résistance (MUR), entre les réseaux Libération, Combat, Franc-Tireur, l'entente restait de façade. L'opposition était aiguë entre eux et le Front national, dirigé par le Parti communiste, entre leurs forces armées (Armée secrète) et les Francs-tireurs et partisans (FTP*). Elle ne l'était pas moins entre l'ensemble des résistants patentés et les membres organisés des anciens partis politiques, même lorsque ceux-ci avaient répudié le régime de Vichy. On ne se partageait pas les parachutages, on ne se communiquait pas les informations…

Alors que vous n'avez que vingt ans, le chef de toute la région Rhône-Alpes considère que vous avez les épaules pour coordonner des hommes parfois âgés de dix, vingt, trente ans de plus que vous !

Vistel avait sans doute confiance dans ma capacité à rassembler. On touche là l'un des fils rouges de ma vie : il semble que si je suis capable de quelque chose, c'est bien de rassembler. Cela vient sans doute d'une sorte d'empathie que j'ai à l'égard des gens : mes engagements personnels n'excluent pas la considération de ceux d'en face. Je garde ainsi les yeux ouverts sur les autres, au point qu'une contradiction jalonne mon existence, entre un besoin d'engagement et d'absolu, d'une part, et une constante volonté de relativiser et de chercher le compromis, d'autre part.

Je crois avoir su montrer que l'on ne pouvait pas rester « entre soi », qu'il y avait chez les autres de larges qualités à explorer, qu'il ne fallait pas se méfier ou mépriser telle ou telle catégorie de

* Les Francs-tireurs et partisans (FTP) : mouvement de la Résistance créé par le Parti communiste français en 1941.

personnes. Je leur ai notamment fait accepter la présence d'une femme dans le comité de Libération. C'est là un autre point que j'aime bien souligner, car je ne crois pas qu'il y ait eu beaucoup d'autres comités de Libération ouverts aux femmes. Personne en effet ne songeait à leur confier des postes à responsabilités, alors même que certaines étaient des agents de liaison fantastiques, qui prenaient des risques considérables.

À l'issue d'une passionnante reconstruction des effectifs en place et des relations des uns avec les autres, j'ai réussi à constituer, dans la Drôme, un comité de Libération comptant des représentants de la CGT, du Parti communiste, du Front de Libération nationale, des FTP, en même temps que tous les grands réseaux de « résistance pure » — Combat, Libération, Franc-Tireur —, un prêtre catholique, un pasteur protestant et, donc, une femme, qui était une enseignante. J'ai pu mener ces gens jusqu'à bon port.

Concrètement, quelle a été votre méthode ? Une hiérarchie forte régissait-elle ce comité ?

Les forces de l'« Armée secrète » avaient une hiérarchie militaire simplifiée ; elles étaient sous mon autorité en tant que chef des MUR. Ce n'était pas le cas des FTP, liés au Parti communiste, mais avec lesquels je parvenais à coopérer. Le comité départemental de Libération de la Drôme jouissait d'une large autonomie tout en étant soumis, sur des questions générales d'orientation politique et militaire, aux autorités régionales à Lyon.

S'agissant de méthode, je pense ne pas en posséder d'autre qu'une attention à ce que chacun peut avoir de dynamique et de porteur, non lorsqu'il s'oppose aux autres, mais lorsqu'il mène à bien une action et construit quelque chose. Donner sa place aux uns et aux autres, je crois que c'est la seule clé. J'ai retrouvé ça, plus tard, quand j'ai eu à diriger une banque, puis au Conseil national de l'insertion par l'activité économique.

Je suis toujours frappé par le fait que les gens, ou se replient, ou établissent entre eux des rapports de force, comme s'ils ne pouvaient concevoir d'autre moyen de coexister. D'autres types de relations sont évidemment possibles, mais ce n'est pas une « méthode » que l'on peut apprendre : ce ne sont pas des astuces de management, seulement le sentiment profond qu'on a de la valeur des personnes qui nous entourent. Je pense que les gens ont besoin que l'on reconnaisse ce qu'ils peuvent apporter tant individuellement que collectivement, que l'on soit intimement convaincu de ce qu'ils valent. Et ça, je crois pouvoir le faire d'autant mieux que je m'exprime volontiers par ma relation aux autres. Au-delà de tout intérêt ou besoin, c'est simplement un plaisir pour moi.

Vos combats au sein de l'Économie sociale et solidaire semblent rejoindre en bien des points ceux que vous avez pu mener pendant la période de la Résistance. Quand on relit aujourd'hui le programme du Conseil national de la Résistance (CNR), on a parfois l'impression de lire un manifeste de l'Économie sociale et solidaire*...

Oui et non : ce programme, qui s'est inscrit dans l'action de la Résistance, appartient au corps de réflexion qui était le nôtre à l'époque : il est vraiment l'écho de ce dont on discutait dans les maquis. Ma réflexion politique s'est d'ailleurs élaborée pendant cette période — j'avais vingt ans, les circonstances étaient stimulantes, les maquis étaient des endroits où l'on avait du temps et où l'on discutait beaucoup, qui fonctionnaient comme des collectifs de citoyens.

---

* Parmi les mesures « à appliquer dès la libération du territoire » figurant dans le programme du CNR du 15 mars 1944, on trouve ainsi : « l'instauration d'une véritable démocratie économique et sociale, impliquant l'éviction des grandes féodalités économiques et financières de la direction de l'économie ; le droit d'accès, dans le cadre de l'entreprise, aux fonctions de direction et d'administration pour les ouvriers possédant les qualifications nécessaires, et la participation des travailleurs à la direction de l'économie ; un réajustement des salaires, et la garantie d'un niveau de salaire et de traitement qui assure à chaque travailleur et à sa famille la sécurité, la dignité et la possibilité d'une vie pleinement humaine ; la sécurité sociale, la sécurité de l'emploi ».

C'est sans doute, depuis les États généraux qui avaient préparé la Révolution de 1789, la première fois que le peuple a pu faire entendre son message. Sans pour autant minimiser le rôle du CNR, je crois vraiment que ce programme n'est pas le fait de quelques grands penseurs isolés : les rédacteurs avaient trempé dans notre réflexion ; ils ont bien compris que, si nous voulions chasser les Allemands, c'était non pour revenir à la fausse démocratie de la IIIe République, mais pour bâtir une véritable démocratie sociale. Cette volonté a été clairement énoncée dans tous les discours que nous pouvions tenir, et très bien reprise par les hommes du CNR.

Ce programme, qui a nourri la France des Trente Glorieuses, a permis des avancées importantes. Mais il était très fortement orienté sur l'État, et pas du tout sur le citoyen*. De l'État, on attendait des services publics rénovés, la sécurité sociale... Par contre, le rôle de la société civile, l'importance des associations, des initiatives populaires, du dialogue social, étaient à peine mentionnés.

À la Libération, il y a eu un moment de heurt entre la Résistance et le pouvoir central, incarné par de Gaulle, au sujet des milices patriotiques issues de la Résistance, essentiellement formées de citoyens — mais alors plus préoccupées par le fait de se débarrasser des collaborateurs que de régler des problèmes de société. Au demeurant, tout plongé que j'étais dans la société civile, et bien que fervent défenseur du rôle des citoyens, ma réflexion

---

* Note de Claude Alphandéry : Il convient d'indiquer que les femmes n'avaient pas leur place dans ce programme. Lorsque, à l'occasion du cinquantième anniversaire de la Résistance, quelqu'un en a fait la remarque à Raymond Aubrac, qui était chargé d'en rappeler le contenu, celui-ci a indiqué que le principe du vote des femmes avait été voté à la réunion constitutive du CNR à Alger, en 1943 — avant de concéder, *mezzo voce*, qu'il l'avait été à une majorité relativement faible. Quand je lui ai demandé qui n'avait pas voté en faveur de ce droit, il m'a répondu : « Tu ne le croiras pas, mais il y avait, entre autres, René Cassin » : un éminent juriste, prix Nobel de la paix, et rédacteur de la Déclaration des droits de l'homme ! C'était une autre époque... Et il est vrai qu'à part des généralités extraordinairement floues, il n'y avait rien non plus, dans ce programme, sur les colonies.

sur leur place dans l'organisation sociale, sur leur rapport à l'État, sur celui des corps intermédiaires, était à peine élaborée ; elle a été rapidement étouffée par la stratégie communiste de prise de pouvoir de l'État : ayant adhéré au Parti, j'étais aussi convaincu qu'il nous fallait commencer par la tête !

Pour quelles raisons la IIIe République était-elle, à vos yeux, une fausse démocratie ?

Parce que les puissances d'argent avaient le pouvoir. La démonstration la plus forte en a été donnée par l'échec du Front populaire contre le « mur d'argent ». Certes, nous jouissions déjà du droit de vote et de la liberté de la presse. Mais le droit de vote ne concernait pas les femmes — de même que la liberté de la presse était loin d'être absolue. J'étais très étonné car, à une époque où les autres journaux devaient coûter environ 5 sous, et bien avant les « gratuits » d'aujourd'hui, *L'Ami du peuple* se vendait à 2 sous. Or, loin d'être proche des travailleurs, il était en fait proche de la droite : celle-ci disposait simplement d'assez d'argent pour construire un journal sur la seule publicité.

Cependant, nous possédions un autre droit : celui de manifester. Des luttes et même des batailles ont jalonné les XIXe et XXe siècles, qui ont permis aux travailleurs de faire entendre un certain nombre de leurs revendications, voire d'obtenir satisfaction. 1936, c'est tout de même l'apparition des congés payés : c'est inimaginable, aujourd'hui ! Les grands journaux de l'époque prédisaient la ruine du pays et s'indignaient que les patrons puissent « payer des gens à ne rien faire pendant quinze jours* » ! Et finalement, malgré des acquis historiques, le Front populaire s'est écroulé devant ce que *Le Canard enchaîné* et *Le Crapouillot* ont appelé les « 200 familles ».

---

* Fixés à 15 jours à l'origine, en 1936, les congés payés minimums obligatoires sont passés à 3 semaines en 1956, puis à 4 semaines en 1969 et à 5 semaines en 1982.

C'est notamment pour éviter de tels écueils que le programme du CNR mettait l'accent non seulement sur les salariés et les travailleurs, mais aussi sur le rôle de l'État.

Dans notre esprit, il fallait d'abord prendre l'État en main pour être en mesure d'accomplir le reste. D'une certaine façon, c'est ce qui s'est passé, sinon que, à la Libération, c'est le général de Gaulle et les majorités de l'époque qui ont appliqué ce programme : la mise en place de la sécurité sociale, la nationalisation des grands services publics ont été de véritables vecteurs de progrès.

Dès cette époque, les communistes, ainsi que la CGT, étaient contre la cogestion : il s'agissait pour eux de défendre les droits des travailleurs, pas de les associer à la gestion de leur entreprise. J'ai complètement adhéré, d'abord dans la Résistance, puis au sein du Parti communiste, à cette idée que la transformation de la société se faisait par un État, et que c'est par la réforme de celui-ci que l'on obtiendrait la démocratie sociale.

Inversement, quand j'ai quitté le Parti communiste, tout le mouvement de ma pensée a consisté à mettre l'accent sur le nécessaire rôle de la société civile, du mouvement associatif, tant dans le contrôle démocratique de l'État et des entreprises, que dans celui de la consommation, de l'enseignement : c'est à tous les niveaux que l'on doit retrouver le rôle des citoyens.

La Résistance elle-même n'était pas sans conflits. Au-delà de l'union contre les Allemands et pour une démocratie sociale, la plupart des résistants se méfiaient des hommes politiques qui avaient rallié la Résistance, non parce que ce ralliement avait parfois tardé, mais simplement à cause de leur statut d'hommes politiques. Un exemple : tout en se réjouissant que le comité de Libération de la Drôme comprenne toutes les parties de la Résistance — y compris des communistes —, Yves Farge, alors commissaire de la République*, nous avait fait part de son étonnement de ne pas y trouver d'hommes politiques, et nous avait conseillé d'y intégrer un ancien ministre socialiste de Léon Blum, Marius Moutet. Cette proposition a été très mal reçue par les résistants, qui se sont indignés : ils ne comprenaient pas ce que viendrait faire parmi eux un homme qu'ils ne connaissaient pas, sous prétexte que c'était un ancien ministre.

Pour revenir au programme du CNR, comment faisiez-vous pour contribuer, depuis la Drôme, à l'élaboration de mesures qui, pour beaucoup, seront mises en œuvre à la Libération ?

Je n'ai jamais eu de relations avec les rédacteurs du programme du CNR, les « grands chefs », moi qui n'étais qu'un petit chef de province ; il était vraiment difficile de communiquer, tant il fallait constamment faire attention à tout ce qui était écrit.

J'avais pourtant consigné, dans une trentaine de pages soigneusement « planquées », une sorte de synthèse de tout ce qui se disait durant les assemblées que nous tenions dans le maquis. J'avais d'ailleurs accordé le plus grand soin à l'organisation de ces réunions : j'étais allé consulter Simon Nora**, âgé d'un ou deux ans de plus que moi, qui avait mis au point un système de conférences très participatives. Après être allé voir ce qu'il faisait dans le Vercors, j'avais organisé, avec son aide, un certain nombre de débats, qui sont devenus des modèles — à partir de

---

* Note de C. Alphandéry : Le Comité de Libération nationale avait nommé, dans chaque région, un commissaire de la République, dont les pouvoirs excédaient ceux aujourd'hui cumulés d'un superpréfet et d'un président de conseil régional. Ceci par souci de prévenir une mainmise possible des troupes américaines ou des communistes.

** Simon Nora (1921-2006) : résistant dans le Vercors, il devient l'un des proches conseillers de Pierre Mendès France. Il est directeur de cabinet de Jacques Chaban-Delmas à Matignon de 1969 à 1972. Avec Jacques Delors, il est l'auteur du fameux discours sur la « Nouvelle Société » prononcé par Chaban-Delmas en septembre 1969. Il est l'un des fondateurs du Club Jean Moulin, auquel participera activement Claude Alphandéry.

quoi nous avons ensuite organisé, lui et moi, des réunions de façon constante.

L'un des problèmes venait de l'hétérogénéité des gens auxquels nous nous adressions : ce n'était pas le public normal d'une conférence donnée dans le cadre d'une école ou d'une réunion politique. Il y avait là des gens venus d'un peu partout. Il s'agissait de donner la parole à chacun, et au moment opportun pour la cohérence de l'ensemble. Simon Nora m'incitait à ne pas vouloir donner de la cohérence trop rapidement. Je retrouve exactement le même problème, aujourd'hui, dans l'organisation des états généraux du Labo de l'ESS* : il est indispensable de faire parler chacun le plus possible, car les gens ont beaucoup plus d'idées qu'on ne le croit, et bien plus claires, de surcroît. Or une personne qui n'a pas appris à le faire ne sait pas se placer dans une conversation : chacun vient avec son idée, sans essayer de voir en quoi elle peut rentrer dans le débat tel qu'il est organisé. Tout cela est très compliqué.

Dans les semaines qui ont suivi la libération de Valence, le 31 août 1944, nous avons réuni les comités de Libération à plusieurs reprises ; le mois de septembre 1944 a donc été un mois de contacts et de discussions très riches avec mes collègues d'Isère, de Savoie, de Haute-Savoie, du Gard et du Rhône. Nous nous sommes aperçus que nos réflexions étaient extraordinairement proches : ils avaient fait le même chemin, avaient souvent réuni les mêmes gens, des citoyens engagés dans le même esprit de résistance et de refondation démocratique. Et comme il n'y avait pas de coupure entre les résistants de la base et le sommet, les gens du CNR étaient eux aussi en contact permanent avec les résistants, et ce que chacun disait se retrouvait dans le programme publié.

---

* Initiés par Claude Alphandéry, les états généraux de l'Économie sociale et solidaire ont été inaugurés en octobre 2010 ; pour en savoir plus : www.lelabo-ess.org

Alors que la lutte militaire faisait rage, vous avez trouvé le temps d'élaborer un certain nombre de réformes à venir et de mesures à appliquer dès la libération du territoire.

Mais la bataille ne faisait pas rage ! Il faut bien se rendre compte que des « coups de main », on n'en faisait pas toute la journée. Il fallait les organiser, c'était compliqué, cela posait des problèmes de logistique. Avec tous les maquis que j'avais dans la Drôme, on arrivait à monter, tout au plus, trois à quatre opérations par semaine. Il y avait donc des temps morts considérables, dans chaque maquis. Le problème était surtout d'occuper tous ces jeunes gens. Jusqu'en 1943, ils étaient généralement engagés localement : ils venaient au maquis, mais rentraient chez eux régulièrement. Les choses ont changé avec l'instauration du Service du travail obligatoire : ceux qui, fuyant le STO, sont arrivés alors, notamment de Bretagne, se retrouvaient, eux, complètement déconnectés de leur milieu ; il nous fallait les prendre complètement en charge. Aujourd'hui encore, j'ai du mal à me représenter comment nous y sommes parvenus.

D'abord, il fallait les nourrir, ce qui posait des problèmes de ravitaillement et compliquait nos relations avec les paysans. La plupart d'entre eux manifestaient leur solidarité, beaucoup participaient activement aux réseaux de résistance. Mais avec l'arrivée de milliers de maquisards à la fin de 1943, la pression sur une agriculture locale peu productive est devenue lourde. Et puis il y avait, bien sûr, des problèmes de sécurité : profitant de cet afflux de « réfugiés », d'autres pouvaient s'introduire dans la Résistance, les risques de dénonciation se multipliaient, ainsi que de conflit entre personnes aux engagements disparates.

Tout cela prenait beaucoup de temps, mais ce n'était pas du temps de combat. Aussi nous en restait-il pour préparer la suite : nous étions complètement prêts — comme l'étaient les commissaires de la République nommés par le général de Gaulle, à qui il avait donné un pouvoir considérable, par crainte de voir les Américains prendre possession de certaines parties du territoire. Ne pouvant en référer au gouvernement provisoire du général de Gaulle, dont ils étaient coupés, ils disposaient d'une marge de manœuvre considérable sur le plan politique, juridique (avec le droit de grâce) et administratif. Dès septembre 1944, ils ont, par exemple, mis en place une nouvelle politique industrielle. Raymond Aubrac, qui était commissaire de la République à Marseille, a légalisé les comités de gestion ouvriers : beaucoup de patrons importants des docks de Marseille avaient collaboré, puis, voyant le vent tourner, avaient pris peur et s'étaient enfuis. Ces comités se sont mis en place immédiatement. La production a repris dans de bonnes conditions et avec une rapidité inattendue. Mais, dès la fin de l'hiver 1945, Aubrac a été viré, parce que Paris pensait que Marseille était envahie par les soviets. Dommage, car à Marseille et ailleurs, durant l'automne 1944, de vraies alternatives s'étaient mises en place.

Très concrètement, comment viviez-vous pendant cette période ?

À partir du moment où j'ai pris en main la Drôme, j'ai occupé des planques successives chez l'habitant — à Valence, à Romans… —, qui résistaient difficilement plus d'une quinzaine de jours. Cependant, on se sentait surprotégés par les réseaux. La Gestapo et Vichy cherchaient en permanence à avoir des renseignements sur nos déplacements, mais nous en avions de notre côté, et de plus fiables, sur leurs interventions.

Aviez-vous été identifié comme le chef de la Résistance dans la Drôme ? Si vous aviez croisé un Allemand ou un milicien, vous aurait-on arrêté immédiatement ?

Oui, sûrement. La plupart du temps, j'étais dans les maquis, mais je devais aller régulièrement à Lyon prendre des instructions, et il était vraiment très dangereux de voyager en train. C'est pourquoi, au retour, je n'allais jamais jusqu'à Valence : je descendais à Tain-l'Hermitage, où je savais que pratiquement toute la gare était résistante et, de là, je prenais, tantôt une moto, tantôt un autre mode de transport.

En 2004, plusieurs grands résistants, dont Lucie et Raymond Aubrac, lançaient un appel à la commémoration du programme du CNR, et en faisaient entendre l'extraordinaire actualité*...

Oui, j'avais participé, auprès de Raymond et Lucie Aubrac, à la rédaction de cet appel. Quelques années plus tard, il est encore beaucoup plus pressant.

Quels liens faites-vous entre les années de Résistance et la période actuelle ?

Au début de la Résistance régnait le même sentiment de délitement de la société que celui qui s'installe aujourd'hui. Au départ, ce que l'on pouvait entendre des Allemands laissait un peu sceptique : « Après tout, ils ne se comportent pas si mal », disaient les gens, « on a perdu la guerre parce qu'on n'a pas assez travaillé », « les choses sont épouvantables, mais c'est un peu notre faute. » C'est lorsque les gens pensent ainsi qu'ils ne ripostent plus.

Le maréchal Pétain était passé maître dans l'art de faire culpabiliser ses compatriotes, et c'est ce qui se produit, à nouveau, aujourd'hui, sur le front social : la propagande, au moins dans

---

* On pouvait notamment y lire : « Comment peut-il manquer aujourd'hui de l'argent pour maintenir et prolonger ces conquêtes sociales [celles de la Résistance et du programme du CNR] alors que la production de richesses a considérablement augmenté depuis la Libération, période où l'Europe était ruinée ? Les responsables politiques et économiques, intellectuels et l'ensemble de la société ne doivent pas démissionner ni se laisser impressionner par l'actuelle dictature internationale des marchés financiers qui menacent la paix et la démocratie. »

un premier temps, a réussi à convaincre une grande partie du peuple, y compris du peuple de gauche, que cette retraite à soixante ans était un peu « honteuse » alors que « les autres pays sont à soixante-cinq et que l'on vit jusqu'à quatre-vingts ans et plus »... Tout comme l'on pouvait être honteux d'une France qui n'avait pas su s'armer... C'est un peu la même chose. Les résistants, au départ, étaient vraiment minoritaires, dans une population qui les regardait avec moins de sympathie que de scepticisme : exactement comme les gens qui, aujourd'hui, sont engagés dans des initiatives alternatives et pensent pouvoir les généraliser, les systématiser dans une Économie sociale et solidaire.

Si les gens comprennent davantage le sens de notre message, à mesure que le marché développe sa nocivité, le message reste tout de même — celui de la Résistance comme celui de l'Économie sociale et solidaire — le fait de gens minoritaires, au départ. Alors que le Parti communiste partait du principe qu'il parlait au nom de « l'immense majorité du peuple » — c'était l'expression consacrée —, les résistants, eux, ont toujours été conscients de leur marginalité. Et disons qu'avec l'Économie sociale et solidaire, nous sommes de nouveau des francs-tireurs.

Comment rattachez-vous votre Résistance à vos origines familiales, aux valeurs qui vous ont été transmises par vos parents ?

Mes parents se sont séparés quand j'avais trois ans, et je vivais dans la famille de ma mère — des bourgeois parisiens très sympathiques. Je n'ai jamais vécu avec mon père, mais j'ai beaucoup connu ses parents, bourgeois eux aussi, mais provinciaux, très engagés dans la politique de la gauche modérée. Mon grand-père, radical-socialiste, était député-maire de la ville de Chaumont, où je passais toutes mes vacances. Ma grand-mère, jusqu'à ses cent ans, n'a manqué aucune réunion de sa section de la Ligue des droits de l'homme.

J'ai connu un éveil politique assez fort en participant, en 1936, alors que je n'avais que treize ans, à la campagne de mon grand-père en faveur du Front populaire. Dans le même temps, à Paris, j'étais au lycée Carnot, établissement de la rive droite complètement dominé par l'Action française et les Jeunesses patriotes, qui représentaient environ neuf élèves sur dix, très actifs et très violents : je me bagarrais beaucoup. La gauche, c'était donc, pour moi, le Parti radical — et je l'ai implicitement assimilée au Parti socialiste quand Léon Blum est arrivé au pouvoir.

Vous identifiez-vous à l'engagement politique de votre grand-père ?

Oui, c'était ce qui m'intéressait le plus. J'adorais ma mère, qui m'a « cocooné » comme on le fait d'un enfant unique, mais c'est au contact de ce maire de gauche d'une petite ville de province particulièrement bourgeoise, catholique, très repliée sur elle-même, que j'ai commencé à réfléchir politiquement. Pendant les vacances, quand j'avais treize ou quatorze ans, j'allais, tous les midis, chercher mon grand-père à la mairie, et traditionnellement, entre midi et 13 heures, en revenant chez lui, il s'arrêtait dans tous les cafés : c'était ça, la vie d'un maire. Il ne s'agissait évidemment pas de « se saouler la gueule », mais d'aller voir ses électeurs. Si bien que la population laborieuse de cette petite ville de province, dont tous les notables étaient de droite, avait élu un maire radical, juif de surcroît — ce qui était extraordinaire à l'époque. Son programme, c'était celui de la Ligue des droits de l'homme — la liberté pour tous, etc. Mon grand-père comptait parmi les radicaux qui ont soutenu Léon Blum et voté les lois du Front populaire.

Les débats sont devenus plus durs au moment des accords de Munich de septembre 1938. Et alors que j'étais vraiment très admiratif de cet homme, qui était en plus très charmeur, très séducteur, pas agressif pour un sou, je me souviens avoir commencé à me poser des questions quand il a été Munichois — non qu'il ne s'interrogeât pas sur le bien-fondé d'une telle position, mais parce que, comme beaucoup d'autres, l'idée que l'on pouvait recommencer une guerre lui était inconcevable. Régnait alors, au sein de la gauche, un pacifisme exacerbé.

Avez-vous eu l'intuition que le « lâche soulagement » qu'évoquait Léon Blum après Munich était inacceptable ?

Il n'est pas impossible que mon père ait joué un rôle important dans ma vie, à ce moment-là. C'était un libertaire convaincu — il est notamment parti faire la guerre en Espagne. Lui n'était pas homme à mener une vie bourgeoise : il était complètement « en dehors », même de ses parents. Ma mère, qui était restée très amoureuse de lui, m'a toujours expliqué que s'il l'avait abandonnée, c'était parce qu'il n'avait connu, de dix-neuf à vingt-six ans, que l'armée, la prison, la forteresse. C'était surtout un coureur de jupons fantastique… Mais peut-être n'avait-elle pas complètement tort : il avait commencé son service militaire en 1911, au moment où celui-ci durait trois ans ; la déclaration de la Première Guerre mondiale a donc coïncidé avec le moment où il aurait dû être libéré. Ayant été fait prisonnier un an plus tard, il a voulu s'évader, a été repris, et a donc passé le reste de la guerre en forteresse.

Il était très violemment contre Munich. Quand tous les gens autour de moi croyaient à l'armée française, il annonçait la guerre, la défaite. Après l'armistice, un jour de juillet 1940 où j'étais à Aix-en-Provence, avec ma mère et ses frères, il est arrivé par hasard, décoré d'une nouvelle croix de guerre, qu'il a jetée par terre en disant que l'armée française était déshonorée. J'avais donc, pour le moins, un certain ancrage politique !

Je raconte dans *Vivre et résister** l'aventure de nos retrouvailles, au moment de la libération de Valence. Mon père remontait la vallée

* Claude Alphandéry, *Vivre et résister*, Descartes et Cie, 1999.

du Rhône avec son régiment, après avoir participé au débarquement sur la côte méditerranéenne. Il était revenu complètement assagi, avec le grade de commandant, en se disant : « Je vais en foutre plein la vue à mon fils et à mon ex-femme »… et il me retrouve avec mes cinq galons de lieutenant-colonel des FFI !

Nous sommes devenus très proches, et je l'ai entraîné au Parti communiste, ce qui était vraiment le comble pour le libertaire qu'il était. Il est mort d'un cancer peu après, en 1950, si bien qu'il n'a pas eu le temps de prendre conscience de tout ce qui se passait en URSS.

Diriez-vous que vous avez toujours été en recherche d'une famille ? Avec la Résistance, d'abord ; puis avec le Parti communiste…

Effectivement, avant que je crée, avec ma femme et mes enfants, ma propre famille, la Résistance puis le Parti communiste ont joué ce rôle. Je n'ai plus eu ce même sentiment dans de nombreuses étapes de ma vie. Au Club Jean Moulin*, dans mon entreprise, j'ai eu certes de bons amis, des affinités. Mais je retrouve seulement depuis une quinzaine d'années, avec les gens de l'Économie sociale et solidaire, des relations comparables à celles que j'avais pu nouer au sein de la Résistance — différentes, par contre, de celles qui faisaient pour moi, du Parti communiste, une famille. Mon engagement me paraît aujourd'hui être une recherche permanente de sens. Le Parti communiste prétendait constituer objectivement ce sens même. L'holisme** régnant représentait le contraire du type d'interrogations qui caractérisent la recherche d'alternatives dans l'Économie sociale et solidaire.

---

* Voir *infra*, page 33.

** Holisme : doctrine ou point de vue qui consiste à considérer les phénomènes comme des totalités.

« Le communisme, c'était une religion »

Qu'est-ce qui fait de vous un homme de gauche ?

Il existe certes une continuité entre le fait de « se sentir » à gauche pendant la Résistance, il y a plus de soixante ans, et le fait d'être un homme de gauche en France aujourd'hui. Mais certains thèmes ont glissé, au point que cela recouvre aussi des différences fondamentales.

L'espoir de la gauche, au sortir de la Résistance, c'était de créer un État au service de la démocratie et d'une juste redistribution des richesses — autrement dit, les services publics et la sécurité sociale. Mais persistait aussi un héritage du scientisme, selon lequel le progrès venait de la technologie ; on voulait la technologie sans l'aliénation des travailleurs, grâce à quoi, pensait-on, le monde pourrait progresser sans arrêt, de « chacun selon son travail » à « chacun selon ses besoins ».

Communiste ou pas, on était alors imprégnés d'une idéologie techniciste, productiviste et égalitariste, et on pensait que tout cela pourrait être mis au service du peuple par un gouvernement qui s'appuierait sur une planification intelligente. Beaucoup ont pensé que c'était ce qui se produisait durant les Trente Glorieuses, et c'est seulement petit à petit que l'on s'est aperçus qu'il y avait des limites au pouvoir de l'État démocratique, dont le capitalisme, qui n'avait pas dit son dernier mot, saurait se servir.

J'ai mis un certain temps à me rendre compte que les grandes crises du capitalisme donnaient une occasion de réforme fondamentale, mais que ces réformes aussi, le capitalisme savait les utiliser, qu'il avait une plasticité très forte, une capacité à retomber toujours sur ses pieds. Et, peu à peu, ma façon de m'engager a changé.

Au lendemain de la Seconde Guerre mondiale, vous décidez d'adhérer au Parti communiste. Comment cela se passe-t-il ?

Ce qui nous intéressait, nous, ce n'était pas un contre-pouvoir, mais le pouvoir de l'État et la dictature prolétarienne.

Quand je suis entré à l'ÉNA, en 1946 — c'était la deuxième promotion, essentiellement formée de résistants —, nous étions 9 inscrits au Parti communiste, sur 70. Le PC avait refusé que nous constituions une cellule : il pensait qu'il avait besoin de nous à l'intérieur de l'État et que nous ne devions pas nous compromettre. En revanche, nous étions contrôlés directement par le Comité central. Chaque élève du Parti y avait un tuteur — le mien, Jean Chaintron, était un homme très bien qui, suite à la Libération, avait été préfet dans la Haute-Vienne. Il m'encourageait toujours à être patient, et me disait : « Il nous faudra peut-être trois ou cinq ans, avant de prendre le pouvoir… » La prise de pouvoir était une obsession.

De 1946 à 1956, sans être un *apparatchik*, j'étais un membre du Parti très actif, très impliqué notamment dans le Mouvement de la paix. Avec un certain nombre de camarades du Parti, anciens élèves de l'ÉNA et hauts fonctionnaires aux Finances ou aux Affaires étrangères, nous avons constitué l'équipe de rédaction d'*Économie et politique*, la revue économique du Parti communiste. Cette revue, marquée par une volonté de sérieux et de rigueur économique, ne cultivait pas la langue de bois, si bien qu'elle était lue, commentée. Quand Maurice Thorez, emblématique secrétaire général du Parti, a eu une attaque cérébrale, il est parti se faire soigner en URSS. Lorsqu'il est revenu, très décidé à reprendre les choses en main, il nous a appelés à prendre des positions de classe plus résolues et à consacrer un numéro à « la paupérisation absolue de la classe ouvrière ». Nous y avons travaillé très sérieusement durant l'année 1954. Or, pour être des communistes convaincus, nous n'en étions pas moins des économistes rigoureux, et cette thèse n'était pas défendable : il était évident que la classe ouvrière en France, en 1950, vivait mieux qu'en 1850.

Ce que nous pouvions montrer, en revanche, c'était sa « paupérisation relative » : même avec une voiture et l'électricité, on peut considérer que quelqu'un est pauvre s'il se sent plus pauvre que la moyenne de la population. Malgré la généralisation de l'eau courante et des W.-C., compte tenu du niveau de vie de l'ensemble des Français, il y avait paupérisation. À l'époque où la publicité devenait omniprésente, la prégnance du marketing suscitait déjà désirs et frustrations. Thorez, insatisfait, nous a demandé de revoir notre copie, et nous avons démissionné. Le comité de rédaction d'*Économie et politique* a été entièrement refondu, afin que la revue en revienne à des positions en conformité avec la direction du Parti*.

Au lendemain de la guerre, la pensée marxiste dominait parmi les jeunes intellectuels qui avaient rallié le Parti. On était membre

---

* Note de C. Alphandéry : La même chose s'est passée dans le domaine de la psychanalyse. J'ai moi-même été psychanalysé par Serge Lebovici, un des quelques psychanalystes communistes qui étaient très connus à l'époque. Dans *La Nouvelle Critique*, revue du parti dirigée par un homme très sectaire, Jean Kanapa, les psychanalystes avaient été appelés à faire une autocritique et à dénoncer le caractère petit-bourgeois de la psychanalyse. Ce premier exercice n'ayant pas suffi, ils ont ensuite quitté un à un le Parti communiste.

du Parti, compagnon de route, ou, si l'on était contre, on s'en défendait. Puis l'exclusion de Tito, les grands procès, les médecins en blouse blanche, et les événements de 1956 en Hongrie — où le communisme réformiste avait suscité de grands espoirs — ont entraîné des démissions massives. Pour ma part, j'ai glissé hors du Parti davantage pour des raisons économiques que politiques.

Peut-on dire que, durant ces dix années, votre militantisme a été, avant tout, un militantisme intellectuel ?

Notre activité ne se limitait pas à rédiger des articles : j'ai moi aussi vendu *L'Humanité* tous les dimanches matin — avec un vrai plaisir des échanges dans la rue, mais aussi la crainte de n'être qu'un « petit-bourgeois ». Les intellectuels que nous étions vivaient dans une culpabilité constante : nous nous demandions sans cesse si un ouvrier de Billancourt aurait pensé ou agi comme nous. Mais je garde un souvenir formidable de cette période de militantisme. Nous étions tous manipulés par le Parti, mais nous n'en étions pas moins des citoyens engagés, poussés par une volonté de réforme, d'amélioration du sort des gens, de respect des autres. J'ai vécu ça comme une sorte d'empathie, d'intérêt pour les autres que je crois avoir gardés. C'est quelque chose qui a beaucoup marqué ma vie.

Le côté négatif, c'est que non seulement on était manipulés, mais que l'on « s'automanipulait ».

Cette manipulation a-t-elle débuté lors de votre séjour en URSS, où vous avez vécu de septembre 1945 à mai 1946 ?

J'ai été résistant hors du Parti communiste et des FTP. Après la Libération, sans être encore communiste, j'étais très admiratif et très soucieux d'une unité d'action avec eux. J'ai demandé un poste en Russie, que j'ai obtenu facilement car le ministre de l'Information, Pierre-Henri Teitgen, était un résistant que je connaissais bien : il m'a envoyé comme attaché de presse à Moscou. Durant les six premiers mois, je passais de longues soirées, qui duraient jusqu'à 4 heures du matin, auprès d'amis intellectuels russes avec qui j'avais des discussions formidables. C'était à la fois Marx et Dostoïevski, l'« âme russe » et l'analyse scientifique. En mars 1946, j'ai vu physiquement le rideau de fer tomber, à la suite du discours de Fulton : Churchill avait évoqué la possibilité d'un réarmement de l'Allemagne, et, aussitôt, Staline en a profité pour couper les ponts, les ambassades sont devenues des ghettos d'où l'on ne pouvait plus voir personne. Parmi les intellectuels, dont certains étaient juifs, que j'avais fréquentés pendant ces six mois, il est impossible qu'aucun n'ait eu un frère, un ami dans les goulags. Or tout cela était parfaitement gommé. Ces gens-là étaient sincères avec moi, je ne les sentais pas contraints, ils n'utilisaient pas la langue de bois ; et pourtant, jamais aucun ne disait combien il avait souffert : la grande guerre patriotique avait tout effacé. C'est en ce sens que je parle d'« automanipulation » : comme si régnait le sentiment qu'on ne pouvait pas penser autrement. Sur le moment, je ne m'en rendais pas compte, j'imputais moi-même aux mauvaises intentions des États « impérialistes » ce changement d'attitude de Staline. Je me disais qu'il était légitime de défendre le pays du socialisme des va-t-en-guerre réactionnaires. Je le justifiais, je m'« automanipulais ». J'étais en train de devenir communiste…

Lorsqu'en 1956, vous décidez collectivement de quitter le Parti, est-ce une déchirure profonde, ou un soulagement ?

C'est d'abord une déchirure profonde. Beaucoup plus qu'un parti, le Parti communiste français était une façon de vivre. On lisait des poèmes parce que c'était Aragon ou Éluard, on allait à un concert parce que c'était un orchestre soviétique qui venait à Paris ou pour écouter David Oistrakh, au cinéma pour voir *Le Cuirassé Potemkine* : nous avions une vie conviviale extrêmement forte, qui a pu conduire certains à rompre avec leur entourage. Moi, ça ne m'a jamais coupé de ma famille, parce que j'avais une mère extraordinairement compréhensive, qui essayait de me suivre dans mes évolutions ; mais pour beaucoup, ce fut une coupure familiale, car chacun se recréait un environnement. On se retrouvait le dimanche matin pour distribuer *L'Humanité*, on assistait à des séminaires, des colloques... Le Parti, c'était le père et la mère, mais c'était aussi toute une culture. Le communisme, c'était une religion : on n'avait plus besoin de transcendance, d'après-vie et de choses comme ça puisqu'on pouvait gagner son salut sur Terre — ce qui rendait accessible à toutes sortes de pression.

Quitter tout cela était une vraie déchirure, qu'Edgar Morin a parfaitement décrite dans son autobiographie*. Peut-être pour certains la rupture a-t-elle été totale et immédiate, mais, pour mes amis et moi, durant un ou deux ans, c'était un combat désespéré contre un sentiment de profonde solitude. Pendant quelques mois, d'abord, nous avons créé des petits journaux oppositionnels, *L'Étincelle*, par exemple, sur des positions marxistes un peu améliorées, réformées. On rejetait ce qui nous paraissait absurde, tout en essayant de garder le corpus. Pour ma part, je n'ai pu faire le deuil du Parti communiste qu'en partant aux États-Unis.

Après avoir quitté le Parti communiste, ce n'est plus vers un parti que je me suis tourné, mais vers le Club Jean Moulin. Ce club était l'une des toutes premières instances à poser la question des rapports entre l'État et les citoyens, c'est-à-dire la société civile.

---

* Dans *Autocritique* (Le Seuil, 1959), Edgar Morin dresse le bilan de son expérience au sein du Parti communiste français : « On m'avait arraché du parti qui concentrait en lui les puissances paternelles et maternelles, et j'en étais devenu orphelin. Le Parti, c'était la communion cosmique, l'amour de l'humanité, le placenta maternel et aussi la réprimande sévère, l'autorité implacable, la sagesse du père. C'était ma famille, comme la famille génitrice, je le haïssais, l'injuriais, le fréquentais le moins possible, mais je l'aimais, j'étais lié à lui par mes fibres premières. Souffrance que ne peut imaginer celui qui n'a pas été plongé dans le Parti pendant dix ans, dans la persécution comme dans le triomphe, le meilleur et le pire... »

Pouvez-vous nous dire deux mots du Club Jean Moulin ?

Le Club Jean Moulin est né du coup d'État qui, à la faveur de la guerre d'Algérie, a permis au général de Gaulle, dans une ambiguïté extrêmement subtile, de prendre le pouvoir et de créer la Ve République — puis, après trois ans, de faire la paix en Algérie. Son « Je vous ai compris » ne nous rassurait pas sur ce qui allait se passer en Algérie, pas plus que ses velléités de changer la Constitution et d'« en finir avec les partis », comme il le disait, ne nous rassuraient sur le fonctionnement de la démocratie. Nous faisions pression sur les pouvoirs publics, les élus, à travers la presse, contre la torture en Algérie, sans nous lancer dans la résistance active.

Le Club Jean Moulin, animé par le déjà formidable Stéphane Hessel, a constitué un des premiers *think tanks* à la française. Nous avons en particulier publié un gros volume intitulé *L'État et le Citoyen**, qui insistait sur l'idée que tout ne devait pas venir de l'État, qu'il fallait résister à l'écrasement du citoyen par l'État-providence. Ce fut un vrai succès de librairie. En même temps, ceux qui tenaient ces propos appartenaient à une élite. Nous ne nous appuyions sur aucune véritable action populaire, et les membres du club, qui travaillaient, souvent, dans des cabinets ministériels, étaient pour la plupart assez proches du pouvoir. Il y avait des énarques, des polytechniciens, des sociologues, comme Michel Crozier, ou encore Jacques Delors, Simon Nora — qui fut, avec Georges Boris, un homme clé du mendésisme —, tous gens très estimables, qui avaient notamment déjà réagi contre la guerre d'Indochine et partageaient une sensibilité de gauche — mais d'une gauche européenne et réformiste.

Avec le Club Jean Moulin, c'était donc déjà la société civile qui émergeait, mais à travers ses élites. Et il m'a fallu beaucoup de

---

* Club Jean Moulin (coll.), *L'État et le Citoyen*, Le Seuil, 1961.

temps — et toute la traversée de ma carrière bancaire — pour prendre pleinement conscience que la société civile, ce sont les citoyens dans leurs organisations, et que cela suppose un dialogue constant avec les gens de la base. C'est un mouvement *bottom up*, comme disent les Anglais.

Au début des années 1970, vous faites la connaissance de François Mitterrand. C'est le début d'une relation pour le moins agitée...

J'étais un banquier « de gauche* », je devais terminer mon mandat de cinq ans au VIe Plan**, lorsque j'ai commencé, en 1972 ou 1973, à me lier avec Jacques Attali. Je donnais des cours à l'université de Dauphine, où il était professeur. C'est lui qui m'a présenté à Mitterrand. Sans être membre du Parti socialiste, j'ai pétitionné, avec Jean Riboud, alors président de Schlumberger, et Gilbert Trigano, celui du Club Med, pour l'élection de Mitterrand, en 1974, à la présidence de la République. Bien entendu, cela a fait beaucoup de bruit dans le milieu de la banque, qui m'a écarté de ses instances professionnelles, et malmené *via* les refinancements nécessaires à la trésorerie de mon établissement.

Je n'ai adhéré au Parti socialiste qu'à la fin de 1974, dans la foulée de l'adhésion de Rocard, sans avoir fait partie du PSU*** : j'étais au Club Jean Moulin, mais sans parti. Très rapidement, je suis entré à la commission économique du Parti, où j'ai rejoint Laurent Fabius — tout jeune, à l'époque ! —, Michel Rocard, André Boulloche, Jean-Hervé Lorenzi, et quelques autres.

---

* Voir *infra* pages 47 à 56.

** Créée en 1946 à l'initiative de Jean Monnet, la planification a consisté en une série de mesures successives pour diriger l'activité économique de la France. Le VIe plan (1971-1975) est celui de « l'impératif industriel ».

*** Le Parti socialiste unifié, fondé le 3 avril 1960.

En même temps, dans les années 1976-1977, je déjeunais environ une fois par mois avec François Mitterrand, rue de Bièvre, soit seul, soit avec Jacques Attali ou Jean Matouk, autre économiste du Parti socialiste.

J'étais très admiratif de l'intelligence, de la culture, de la rapidité d'esprit de François Mitterrand, mais la mise au point du Programme commun avec les communistes, dans la perspective des élections législatives de 1978, a été une première raison de désaccord. Ces derniers pratiquaient la surenchère sur la question des nationalisations, et surtout sur le montant du Smic. On commençait à avoir de gros ordinateurs, à l'aide desquels on avait vu que le Smic tel que le demandait le Parti communiste entraînerait une inflation galopante et un déficit budgétaire excessif. C'est alors que je me suis rapproché de Michel Rocard, au point de défendre sa motion au congrès de Metz, en 1979, où il a été largement battu — il avait tout de même rassemblé 30 % des voix, ce qui n'est pas déshonorant. À partir de ce moment, Mitterrand m'a sans doute considéré comme un adversaire politique.

Un autre événement est plus précisément à l'origine de la rupture. À cette époque, l'entourage de Mitterrand lui suggéra que le bureau d'études Urba Conseil, dont le directeur était rocardien, et le président un ami de Mauroy, alimentait les courants du Parti proches de ces deux hommes. Mitterrand demanda donc un audit. Attali, en qui j'avais une grande confiance, m'a encouragé à le faire, en me disant que j'étais le mieux placé pour m'acquitter de cette tâche. Fortement investi dans l'immobilier, je connaissais Urba Conseil, son rapport avec le Parti socialiste. Il me paraissait évident qu'il ne pouvait, pour des raisons fiscales, lui donner de l'argent. Je compris rapidement, en revanche, qu'il faisait profiter le Parti socialiste de ses faveurs en créant des emplois fictifs — les mêmes que ceux qu'on a reprochés par la suite à Chirac, mais, là, en l'occurrence, ce n'était pas le gouvernement ni la Ville de Paris qui payaient, mais une société privée. Urba Conseil rémunérait des agents qui n'avaient jamais mis les pieds chez Urba Conseil. J'ai fait mon rapport, auquel j'ai joint la liste des agents en question. Le problème, c'est que non seulement ils ne travaillaient pas pour Urba Conseil, mais que plusieurs d'entre eux, ou plutôt d'entre elles, n'appartenaient pas non plus au PS : c'étaient simplement les petites amies de notables du Parti socialiste. Et ça, en toute naïveté, je l'ai inscrit dans mon rapport. C'était un rapport interne au Parti socialiste, et qui n'a pas été rendu public. Mais à partir de ce moment-là, Mitterrand s'est dit : « Ce type a voté la motion de Rocard au congrès de Metz, il m'a emmerdé à propos du Programme commun, et là, il vient de me lancer une grenade. » C'était terminé…

Après sa victoire, en mai 1981, les choses se sont passées de telle sorte que tous ceux qui ont été nommés à la tête des banques nationalisées étaient des personnes que j'avais recommandées — j'avais donné une liste de noms à Pierre Mauroy, qui était Premier ministre et que je connaissais bien, et à Jacques Delors. Certains des collaborateurs de ma banque sont devenus les présidents du Crédit foncier, du Crédit chimique, du Crédit du Nord… Delors, qui avait été nommé ministre de l'Économie et des Finances, m'a d'abord pressenti pour la BNP — je rappelle que j'étais le seul banquier du Parti socialiste. Il a très vite senti que ça ne passerait pas, en discutant avec Mitterrand, sans comprendre que c'était une inimitié personnelle ; il a donc proposé mon nom pour le Crédit commercial de France : ça n'est de nouveau pas passé. Finalement, il avait prévu de me donner la Banque de Bretagne mais, juste avant le Conseil des ministres au cours duquel devaient être arrêtés les noms des présidents, François Mitterrand a barré une nouvelle fois le mien ; Xavier Stasse, qui était à son cabinet, m'a téléphoné juste avant que la liste soit dévoilée en me prévenant : « Je t'appelle pour que tu ne sois pas étonné : tu n'y seras pas. »

J'étais très proche de Jacques Attali, à l'époque, à qui je rendais visite à l'Élysée. Mitterrand, qui passait souvent dans le bureau, faisait comme s'il ne me connaissait pas, et Pierre Bérégovoy m'avait dit : « Vous êtes un homme très sympathique, mais François Mitterrand ne vous pardonnera jamais vos erreurs. »

Vous n'avez jamais eu d'explication ?

Je ne l'ai revu qu'une fois, en 1993, lors des vœux aux représentants des « forces vives » de la nation — auxquels j'étais convié en tant que président du Conseil national de l'insertion. Il m'a dit : « Il y a des erreurs fécondes. Vous pourriez être un banquier retraité, et vous servez encore votre pays. » Une vraie phrase mitterrandienne. Mon épouse, devant qui je me réjouissais de l'avoir vu, finalement, reconnaître ses erreurs, s'est foutue de moi en disant : « Je pense que c'est plutôt de tes erreurs qu'il voulait parler ! »

C'était une phrase à double effet.

Oui. François Mitterrand savait très bien jouer au billard…

« Écoute, camarade, on commence par tenir des discours comme les tiens, puis on part en Amérique, et on devient banquier »

Après l'ÉNA, et en parallèle à vos activités politiques, vous devenez en 1948 haut fonctionnaire à la direction du Trésor, au ministère des Finances, où vous allez participer aux débuts de la comptabilité nationale.

Mon appartenance au Parti communiste a d'abord rendu très difficile ma position de fonctionnaire sortant de l'ÉNA. Lorsqu'il m'a pris dans son équipe, le directeur du Trésor, François Bloch-Lainé, m'a dit : « Vous êtes communiste, je respecte les opinions de chacun, je pense que vous serez un fonctionnaire loyal. » Je l'étais, mais n'en ai pas moins fait quelque chose qui lui a fortement déplu. C'était un 15 août, l'été de mon entrée à la direction du Trésor ; étant le dernier arrivé, j'étais le seul présent, tout le monde était parti en vacances. Le 15 août n'est pas un jour férié, aux États-Unis, et la mission du plan Marshall est venue contrôler que les crédits accordés au titre de ce programme étaient bien utilisés comme prévu (c'est-à-dire dans des grands travaux, la construction de barrages hydrauliques, etc.). Ils sont tombés sur moi. Je suis monté sur mes grands chevaux et leur ai indiqué que je n'avais pas à donner aux représentants d'une puissance étrangère les comptes de la nation. La commission, furieuse, s'est tournée vers l'ambassade. Celle-ci étant déserte un 15 août, ils ont téléphoné au ministère des Affaires étrangères, qui s'est adressé au Premier ministre, qui a fait revenir Bloch-Lainé de Crète où il passait ses vacances. Il n'était pas content du tout.

Voilà pour le côté oppositionnel très fort ; mais quand on est un intellectuel, on ne peut pas refuser constamment la voie de la connaissance. Claude Gruson — le créateur du service de la comptabilité nationale, devenu le Service des études économiques et financières* — avait constitué une petite équipe de gens désireux de s'intéresser à certaines questions et sujets nouveaux. C'étaient d'ailleurs de brillants économistes, tels que Simon Nora ou Jean Saint-Geours, qui ont tous fait une remarquable carrière. Gruson, qui n'avait aucune prévention contre ceux qu'il considérait simplement comme des « esprits libres », m'avait donc demandé de rejoindre son équipe au sein de ce service.

À vrai dire, je n'avais plus rien à faire à la direction du Trésor : suite à l'épisode de la commission Marshall, pendant deux ans, je plantais mon imperméable dans le bureau qui m'était affecté et je passais mes journées au Mouvement de la paix, qui était à côté, place des Pyramides. En même temps, c'est ce qui nourrissait les articles que je rédigeais pour la revue *Économie et politique*. L'épisode du refus de la paupérisation absolue ne m'a donc pas cueilli complètement innocent : grâce aux outils dont je disposais, s'était déjà amorcé en moi un travail de retour à une économie réelle, et pas au montage qu'on voulait m'imposer. Surtout, ce retour était le fruit d'une réflexion très libre menée au sein du service économique. Il y avait d'ailleurs d'autres communistes que moi, comme Robert Fossaert, Jacques Mayer ou Éliane Mossé, qui a ensuite travaillé pour l'OCDE.

---

* Outil de comptabilité nationale puis d'analyse et de prévision économique, le SÉÉF a notamment mis en place le tableau des échanges interindustriels et la comptabilité nationale en relation avec le calcul du Produit intérieur brut. Il a été remplacé en 1967 par la direction de la prévision (DP).

Quand, en 1956, j'ai quitté le PC, un travail s'était donc déjà fait. Il s'agissait d'une déchirure affective, mais d'un soulagement intellectuel.

Partir aux États-Unis quelques années après avoir quitté le PC relevait d'un processus de deuil presque cathartique...

Ce que vous dites là est très juste. Lors d'une dernière réunion dans le cadre du Parti, le secrétaire de cellule m'avait dit : « Écoute, camarade, on commence par tenir des discours comme les tiens, puis on part en Amérique, et on devient banquier. »

J'ai eu un appétit très fort d'aller aux États-Unis, ce qui n'était pas évident, parce que les communistes, qui figuraient sur les listes de la CIA, se voyaient refuser l'entrée aux États-Unis. Jusqu'en 1952, je participais à des manifestations dans lesquelles on scandait, contre le général Ridgway : « *US go home !* »

J'ai pu contourner cette difficulté en obtenant un poste d'expert auprès des Nations unies. J'y ai passé neuf mois. C'était une nouvelle aventure, très critique et très ouverte en même temps. J'avais préparé mon voyage en recherchant des relais auprès de gens qui avaient une ouverture sur une pensée progressiste, parmi lesquels beaucoup d'anciens communistes car, contrairement à ce qu'on croit, le Parti communiste américain a été très actif — pendant les années qui ont précédé la Seconde Guerre mondiale, les États-Unis ont compté plus d'un million d'inscrits.

Quand j'ai eu ce poste, en 1958-1959, on était déjà sortis du moment le plus dur du maccarthysme, Eisenhower était au pouvoir, et on se dirigeait vers les primaires de la campagne de Kennedy. Les Américains sont très hospitaliers, c'est bien connu, et on m'avait conseillé d'écrire aux universités en tant qu'expert pour les Nations unies sur les problèmes de comptabilité nationale. Cela m'a permis de recevoir des invitations d'universités qui me proposaient non seulement de payer mon voyage, mais même de me rémunérer pour les conférences que je donnais, ce que je ne pouvais pas accepter, mais qui m'a offert la formidable opportunité d'aller partout. Tout en étant extraordinairement intéressé par l'ébullition qui régnait, j'ai vraiment perçu ce qu'était la société de consommation.

J'ai eu la chance, parmi les gens que j'ai connus, de voir très souvent John Kenneth Galbraith, qui a conceptualisé cette *opulent society*, et je suis revenu avec un petit livre, *L'Amérique est-elle trop riche ?** Tout cela était une façon de faire le deuil : je n'étais plus dans le passé, mes regrets, remords, amertumes, mais dans une période de construction nouvelle, qui s'est traduite, en plus, par un passage dans le secteur privé, à mon retour.

Avez-vous été heureux, pendant un an ?

C'était une période très riche. Aux Nations unies, je n'ai pas eu de vrai contact intéressant. Par contre, j'ai été immédiatement accueilli dans le pays lui-même. Les gens se recevaient beaucoup entre eux, organisaient des *parties*. Huit jours après mon arrivée, j'ai assisté à une réception à laquelle participaient essentiellement des économistes et des sociologues. J'avais compté qu'une douzaine d'entre eux étaient des immigrés d'Europe, antifascistes. C'est fou ce que l'Amérique a reçu, à ce moment-là, de l'Europe, tant sur le plan des sciences dures que sur celui des sciences humaines.

Tous ces gens étaient passés à Paris en 1937 et avaient suivi les cours du professeur Gaston Jèze**. J'avais beaucoup entendu

---

* Claude Alphandéry, *L'Amérique est-elle trop riche ?*, Calmann-Lévy, 1960.

** Gaston Jèze (1869-1953), professeur de droit public, est souvent considéré comme le père des finances publiques. Il a en particulier révolutionné la matière en insistant sur la dimension politique et sociale des comptes de la nation.

parler de lui lorsque j'avais quatorze, quinze ans. Il avait été rendu célèbre parce que, sans être un homme de gauche, c'était un grand juriste qui avait défendu le négus d'Éthiopie contre Mussolini à la Société des nations, au moment de l'invasion et de la colonisation italiennes. Comme tel, il était devenu la cible de toutes les ligues fascistes ou d'extrême droite qui tenaient le haut du pavé dans l'université française. C'est impensable aujourd'hui mais, à 80 %, l'université était dirigée par des gens appartenant à l'Action française ou à des ligues d'extrême droite. Les premières conversations que j'ai eues avec les Américains avaient donc pour sujet ce professeur Jèze.

Je me souviens aussi d'une très jeune femme qui m'avait abordé en me disant : « Vous venez de Paris ? *I hate Paris.* » Son psychanalyste était parti à Paris, et elle ne pouvait plus faire l'amour. Pour un jeune Français, entendre les choses ainsi formulées était très neuf… Que ce soit à San Francisco, à Detroit ou à Chicago, j'ai toujours été accueilli de cette façon.

Intervenir en matière de comptabilité nationale était-il un alibi, ou la raison véritable de votre présence aux États-Unis ?

Non, c'était une véritable raison car, s'ils étaient en avance sur nous, nous avions tout de même des choses à leur apprendre. Un thème important était le caractère productif ou non des services : de nombreux comptables nationaux considéraient qu'une partie des services d'enseignement, de soins, ne devait pas figurer dans le calcul du produit intérieur brut. La frontière était très difficile à délimiter lorsqu'on en arrivait aux services des transports, par exemple, et cela donnait lieu à des discussions très intéressantes.

Arriver en 1958 en Amérique, en pleines Trente Glorieuses, à une époque où le modèle américain

semblait fonctionner, a-t-il provoqué un effet de sidération sur le jeune Français que vous étiez ?

La première fois que je suis allé en Californie, j'ai pris un avion de la TWA. Trois jours avant mon départ, je reçois un coup de téléphone de la compagnie qui me demande si je souhaite que mon steak soit bleu, saignant ou à point — *extra-rare, rare ou well done*. Sept ou huit compagnies, très oligopolistiques, se partageaient le marché. Comme elles utilisaient les mêmes avions, pratiquaient les mêmes prix, le même niveau de sécurité, c'est sur la personnalisation des services qu'elles se faisaient concurrence. Cela nous paraît complètement normal aujourd'hui, car le modèle américain s'est très rapidement exporté, mais à l'époque, en France, où les tickets de rationnement étaient de mise jusqu'en 1949, on sortait à peine de la pénurie.

Autre exemple : un ami, ex-communiste, m'avait emmené voir le candidat progressiste qui se présentait et rassemblait environ 4 ou 5 % des voix aux élections présidentielles — le Ralf Nader de l'époque, en quelque sorte. Il vivait dans un ranch près de San Francisco, une très grande propriété, et possédait huit voitures. Ses deux aînés avaient une voiture, sa femme avait une voiture, les gens qui travaillaient pour lui avaient une voiture. C'était complètement sidérant. J'avais l'impression d'une sorte d'opulence absolument incroyable.

En étiez-vous plutôt amusé, plutôt écœuré ?

Je crois l'avoir bien exprimé dans mon livre *L'Amérique est-elle trop riche ?*, avec une certaine ironie. Pour reprendre une formule de *L'Avare*, « il faut manger pour vivre et non pas vivre pour manger », je dirais que la question qui se posait était la suivante : faut-il produire pour consommer, ou l'inverse ? Cette question réapparaît chaque fois qu'il faut relancer une économie : faut-il le faire par la consommation, ou par l'offre et la production ?

Tout en étant sidéré, et admiratif de la force de vie dont cela témoignait, je me rendais bien compte que persistaient beaucoup de choses inutiles dans ce modèle qui, dans le même temps, laissait subsister de grandes inégalités. Je voyais la misère noire, la pauvreté de certains quartiers.

Ce qui me paraissait, surtout, extrêmement intéressant, c'était la ségrégation. Quand on parcourait le périurbain, qui était déjà beaucoup plus construit qu'en France et extraordinairement caractérisé par la nature des constructions, on pouvait savoir, à la façon dont les quartiers étaient construits, si les gens qui y vivaient étaient des presbytériens, des évangélistes, et quel était le niveau de leurs revenus. Cette société était très fragmentée, avec peu de passage d'une communauté à l'autre. La « question noire » était encore très prégnante : n'oublions pas que certains tramways, notamment, étaient encore réservés aux blancs.

Quand on me présentait quelqu'un, on le faisait en me donnant son revenu, là où, en France, on m'aurait dit : « C'est un ancien élève de l'École normale supérieure » ou « de Polytechnique ». En France, on présente quelqu'un en le caractérisant par son niveau de diplôme ; aux États-Unis, on indique son revenu. Je voyais à la fois cette grande richesse et cette fragmentation, mais ce que je ne voyais pas du tout, à l'époque, c'était à quel point cette consommation pouvait changer les comportements, exacerber l'individualisme et, ce dont on se rend compte maintenant, à quel point elle pouvait priver la société de sens.

L'Amérique que vous avez découverte était-elle en décalage avec ce que vous supposiez ?

Absolument. Je suis revenu avec plein de critiques mais le sentiment qu'il s'agissait d'une grande civilisation, une puissance économique mais aussi une grande démocratie.

Et l'envie d'y vivre ?

L'envie d'y retourner, mais pas celle d'y vivre. Je suis trop Franco-français pour cela. Françoise Giroud me disait souvent : « La France est un pays dans lequel les hommes et les femmes savent parler ensemble. » Au-delà d'un côté franchouillard pas très agréable, quand on prête l'oreille aux conversations de bistrots, les gens, dans l'ensemble, ont l'esprit clair et s'expriment avec plaisir.

« Je n'en étais pas pour autant un patron ni un banquier comme les autres »

Quelques mois après votre retour des États-Unis, en 1960, vous prenez le secrétariat général d'un groupe immobilier, « Immobilière construction de Paris ». Vous allez, en particulier, développer son activité bancaire.

Cette structure encaissait, à travers de puissantes sociétés d'économie mixte, des loyers importants : elle disposait donc d'une trésorerie considérable puisque les loyers entraient avant que les dépenses ne surgissent. De là était née l'activité bancaire, qui restait, à mon arrivée, très marginale.

Ce qui ne l'était pas, en revanche, c'était trois « SEM »*, dont la plus importante, la SAGI** possédait 35 000 logements à Paris, construits, au début des années 1930, sur les anciennes fortifications. Cela courait sur toute la ceinture de Paris, d'une porte à l'autre — avec, entre la porte de Saint-Cloud, la porte d'Auteuil, la porte Dauphine et la porte Maillot, des quartiers bourgeois.

---

* Note de C. Alphandéry : Une société est dite « d'économie mixte » quand elle réunit des financements publics et des capitaux privés pour mener à bien des politiques d'intérêt général définies par un cahier des charges. L'intérêt des groupes privés est d'allier, à ces activités mixtes, d'autres, beaucoup plus rentables.

** Société anonyme de gestion immobilière.

L'idée de départ était de « péréquer » des logements à loyer élevé et non sociaux, sur cette zone, avec les loyers du reste de la ceinture. Le principe d'une société d'économie mixte m'intéressait par ailleurs : l'État travaille avec des groupes privés, fait appel à leurs initiatives et à leur sens des affaires, moyennant des obligations sociales. Encore faut-il que la pression des citoyens soit assez forte pour que celles-ci soient respectées.

En dehors des logements locatifs, il était de mode, à l'époque, de favoriser l'accession à la propriété. J'ai eu l'idée de négocier, avec la direction du Trésor et le cabinet du ministre des Finances de l'époque, Michel Debré, le développement d'un marché hypothécaire, ouvert uniquement aux compagnies d'assurance qui, par définition, ont besoin de placements à long terme. Jusque-là, pour acheter un logement, le prêt maximum s'étalait sur douze ans*, ce qui représente des échéances considérables, rendant l'accès au logement très difficile pour les classes moyennes. Si on passait le prêt à vingt ans, grâce au système hypothécaire, les créances pouvaient être achetées par les compagnies d'assurance. La banque prêteuse instruisait le dossier, mesurait le risque puis le refinançait auprès de celles-ci. Les prêts à long terme réalisés pour l'acquisition d'un logement, dans la mesure où ils sont suffisamment fiables, constituent, pour les compagnies d'assurance, d'excellents placements. Ce mécanisme est totalement opposé à celui dit des *subprimes*, qui sélectionne les dossiers plus risqués pour les placer dans des sociétés financières créées à cet effet.

En deux ans, la Banque de construction et des travaux publics, la BCT, est ainsi devenue la plus grande banque de prêt immobilier, l'établissement de référence en matière de crédit aux acquéreurs de logement. Et j'en ai été nommé président.

---

* Note de C. Alphandéry : Il s'agissait de la limite maximale d'un prêt à moyen terme de six ans, astucieusement consolidé.

Vous souvenez-vous de la façon dont s'est consolidée dans votre esprit cette idée de permettre une extension des durées de prêts pour qu'un plus grand nombre de personnes — et donc, pour vous, de clients — accède au crédit ?

Que les Français ne pouvaient pas acheter de logement sautait aux yeux. Mais personne, auparavant, n'avait trouvé le système. L'idée d'une négociation du titre hypothécaire était venue à mon oncle, président du groupe avant moi, et excellent juriste. Sa mise en œuvre s'était révélée difficile; mon passage au ministère des Finances a fait que je savais ce qui était possible et ce qui ne l'était pas. Je connaissais l'organisation du système bancaire, j'avais été préparé pour mettre au point cette idée.

En tant qu'ancien banquier, quel regard portez-vous sur « l'inventivité » des banquiers actuels ? Je pense en particulier à ces fameux *subprimes*, que vous citiez, qui ont mis en difficulté l'économie mondiale.

Leurs pratiques financières n'ont rien à voir avec le métier que j'ai fait ou que faisaient la plupart des banquiers à cette époque. Pour nous, la banque, c'était des clients, personnes privées ou entreprises, qui avaient un besoin d'argent pour développer leur activité. Nous n'étions qu'un intermédiaire, qui devait être capable de prêter et de refinancer ses prêts. La finance, aujourd'hui, est une activité qui joue essentiellement sur les risques et sur des produits très complexes, qu'on appelle « dérivés », c'est-à-dire fortement détachés de l'économie réelle. Une illusion répandue consiste d'ailleurs à faire confiance à l'impact durable des réglementations imposées par les États: cela revient à ne pas voir le caractère démesuré de la course au profit, cet *hybris* qui fait que les financiers ayant entre les mains des outils sophistiqués ne savent pas s'arrêter, et disposent de méthodes de contournement des régulations qui se renouvellent sans cesse.

Pour ce qui est de la banque réelle, du souci des clients, les banquiers sont au contraire peu inventifs. Quand j'ai initié le crédit solidaire garanti, tel que le pratique France Active*, j'ai seulement pensé que, de la même façon qu'il y avait une clientèle pour le logement si on trouvait le moyen de proposer des prêts non pas à douze ans mais à vingt ans, il y avait une clientèle potentielle formidable parmi les créateurs de micro-entreprises, d'entreprises d'insertion ou de commerce équitable — une clientèle aussi considérable qu'ignorée des banquiers. À partir du moment où l'on confie à des organisations telles que France Active l'instruction et le suivi du prêt — ce qui, pour de petits prêts, coûte cher et n'est pas le métier de la banque —, c'est un risque que les banques peuvent prendre : bien géré, il peut tout à fait être surmonté par les établissements.

Les Américains, avec le CRA**, en incitant les banques locales à intervenir sur leur territoire, ont, en dix ans, multiplié par 10 les crédits des communautés défavorisées — qui jusqu'alors ne recevaient rien. C'est de ce côté que se situe la vraie inventivité !

La BCT était cotée en bourse. En tant que président, vous étiez donc impliqué au quotidien dans un système capitaliste dont vous êtes aujourd'hui un observateur très critique. Rétroactivement, quel bilan faites-vous de cette période ?

La banque que je présidais a favorisé le développement de la construction. Elle a bénéficié aux classes moyennes qui ont ainsi pu accéder à la propriété et au développement économique du pays.

Derrière cela, il y a un système financier : quand on développe les prêts, même si j'avais trouvé comment les refinancer auprès des

---

* Voir *infra*, pages 101 à 114.

** *Le Community Reinvestment Act* (CRA) ou « loi de financement communautaire », votée en 1977, porte sur les relations entre grands organismes financiers de dépôt et communautés locales.

assurances, il y a néanmoins un ratio nécessaire entre le capital de la banque et ses prêts — au fur et à mesure que se développe son chiffre d'affaires, il faut développer son capital. Le développer signifie rentrer en bourse, c'est-à-dire, immédiatement, entrer dans le système de la spéculation, ses bulles, ses actions qui passent, en six mois, de 300 à 700 francs, ses appétits de rachat…

L'ambivalence de mon personnage, c'est que, pendant toute cette période, je me suis pris au jeu de la création et du développement d'agences : d'abord tous les ans, puis tous les trimestres et tous les mois. J'ai trouvé de l'attrait au fait d'augmenter mon chiffre d'affaires, d'embaucher des gens, de voir un cours en bourse être multiplié par 7 en trois ans.

Je n'en étais pas pour autant un patron ni un banquier comme les autres. J'avais pour règle de passer, chaque mois, une matinée entière avec le comité d'entreprise, les représentants du personnel et des syndicats. Chaque mois également, je visitais l'une de nos agences. Nous parlions de ce qui allait et de ce qui n'allait pas, tant en interne qu'au niveau des relations avec l'extérieur. J'avais déjà cette idée, toujours fondamentale à mes yeux, d'une gouvernance qui prenne en compte toutes les parties prenantes. C'est pourquoi je réservais deux heures dans l'après-midi pour discuter avec certains clients, avec qui j'examinais les raisons de refus du comité d'engagement, par exemple. Et, le soir, j'essayais de faire, avec les élus locaux et quelques personnalités politiques, une réunion contradictoire ou un débat à la chambre de commerce. J'organisais chaque année un séminaire général — ce qui est aujourd'hui dans les habitudes d'un grand nombre d'entreprises — où cadres et secrétaires venaient passer ensemble trois jours très conviviaux, au cours desquels nous tâchions d'élaborer un plan stratégique pour les années à venir, que je soumettais ensuite au conseil d'administration : le plan soumis au conseil avait donc été discuté préalablement lors d'une assemblée du personnel. C'est le type de management auquel on revient, aujourd'hui, quand on parle de la « responsabilité sociale des entreprises ». Des hommes comme Antoine Riboud, Gilbert Trigano, que j'ai bien connus, ont toujours eu ce même souci.

Je m'efforçais d'organiser un accompagnement de mes clients emprunteurs, assez semblable à ce que j'ai fait, depuis, dans le cadre de France Active. J'avais mis en place un système de formation très poussé, à l'intérieur de la banque, pour que tous les chargés de clientèle prennent en compte la situation du client, du point de vue, non seulement de notre risque, mais de leur risque, à commencer par celui de s'engager dans une opération qu'ils n'auraient pu assumer jusqu'au bout, car les taux en auraient été trop élevés. Aussi avais-je institué, pour un certain nombre de clients à faibles revenus, des taux privilégiés : ce faisant, je posais les bases d'un « profit d'équilibre* », qui a réussi formidablement puisque, en cinq ans, avec 40 agences à travers toute la France, j'ai pris une part de marché grâce à laquelle je réalisais des économies d'échelle, en même temps que les cours de la bourse montaient. De ce point de vue-là non plus, je n'étais pas un banquier comme les autres.

Ce système était tout de même coûteux et, quand a éclaté la crise immobilière, dans les années 1975, le profit d'équilibre n'était plus possible. Plus généralement, on voit bien que, devant la concurrence brutale, devant la guerre qu'est le marché actuel, tous ceux qui tentent des choses, dans l'ordre de la responsabilité sociale de l'entreprise, de l'éthique, arrêtent, ou, du moins, transigent dès que cette responsabilité sociale n'est plus compatible avec la concurrence sur le marché. C'est une éthique personnelle, qui résiste mal aux avatars du système. Et ce qui m'est arrivé alors me laisse réservé sur la durabilité des pratiques liées à cette

---

* Cette notion de « profit d'équilibre », qui prend son sens par rapport à la culture marxiste du « profit maximum », a été développée par Claude Alphandéry dans un long entretien accordé à *l'Express*, en juin 1971.

« responsabilité sociale de l'entreprise » — aujourd'hui en vogue. Dans mon cas, l'avatar, ça a été la crise immobilière : la crise bloque l'expansion, conduit à la rigueur, et la rigueur, en l'occurrence, ça a été un plan de licenciement d'une centaine de cadres. Je me souviens que, pour retrouver du travail, ils avaient collectivement fait paraître dans la presse un grand placard disant : « Nous avons tous eu l'honneur d'appartenir, au sein de la BCT, à une équipe modèle particulièrement performante. » J'ose en conclure que les choses avaient dû se passer très convenablement, et que nul n'en a tiré d'amertume. Notre projet était de faire une banque ultraperformante sur le plan de la technologie financière et qui, grâce à cela, réussirait sur le plan boursier. Nous avons inventé, autour de cette banque, des choses très innovantes : les sociétés immobilières d'investissement, les sociétés de bail locatif pour les usines, etc. Ces activités formaient un groupe homogène autour du développement urbain et de la construction, tant pour les bureaux, les usines, que pour les particuliers. Mais il n'a pas vraiment survécu à la crise immobilière.

Avez-vous dû gérer personnellement le plan de licenciement que vous évoquiez ?

Oui. Nous avions bien sûr un directeur des ressources humaines, mais il m'incombait tout de même de prendre ce plan en charge. Et, pendant ce temps, les choses ne s'arrangeant pas, le syndicat Force Ouvrière, noyauté par la tendance entriste du trotskisme, défilait dans la rue en insultant les patrons banquiers qui écrasaient le personnel ! Je le supportais mal. Mon épouse m'entendait crier dans mon sommeil « Arfa-non, Arfa-non » — le leader syndicaliste s'appelant Arfaoui…

De façon presque paradoxale, c'est votre expérience de banquier qui vous a permis de devenir un véritable expert en matière d'habitat social. Vous êtes issu d'un milieu que vous-même désignez comme « assez

privilégié » ; en vous spécialisant dans la construction de logements pour des personnes aux revenus limités, n'avez-vous pas été sensibilisé à la question de la précarité ?

Loin d'avoir abandonné mon intérêt pour le service public, je m'étais vu confier, en 1969, la présidence de la Commission de l'habitat du VIe Plan. Dans cette commission, la question était à la fois celle du logement et des villes. Au moment où je l'ai dirigée, le parc immobilier s'était considérablement développé, avec davantage de confort, mais, en même temps, s'étaient élevées des tours, des barres. C'était le début des villes nouvelles… et de l'habitat discriminatoire : concentrées en banlieue, les HLM étaient quasiment absentes du centre des villes. On distinguait un habitat des HLM et un habitat des beaux quartiers, cela sautait déjà aux yeux, même si cela a ensuite pris des proportions effrayantes.

C'est aussi la période où les gouvernements insistaient beaucoup sur l'accession à la propriété. Cette idée est essentiellement de droite : si elle n'est pas sans répondre à des besoins fondés, il faut la traiter avec circonspection. Toute personne, devenant propriétaire, devient conservateur. Les gens souhaitent préserver leurs biens, ils se replient sur eux-mêmes, leur petit jardin, leurs meubles, leur télévision. Au-delà de cet aspect très individualiste, cette forme de développement des villes demande énormément de terrain et implique des transports en commun considérables, sous peine de voir s'imposer l'automobile individuelle. La politique de l'habitat de l'époque était donc aussi, du même coup, la politique de la voiture — à un moment où chaque foyer devait posséder une voiture par personne active. Or, les plans de déplacement étaient tout à fait insuffisants par rapport aux déplacements urbains existants.

Fatalement, tout cela m'a replongé dans les problèmes politiques d'une société en pleine évolution — une évolution qui, par certains côtés, allait vers le confort et l'abondance de biens matériels, mais qui ne savait pas accompagner cette abondance du développement des biens collectifs.

Comme je l'ai écrit dans *Pour une politique du logement**, je pensais que mon travail de banquier devait s'insérer dans une politique générale. D'une part, la politique du logement devait s'inscrire dans une politique d'urbanisme et, d'autre part, on ne pouvait pas se contenter de l'effort déjà réalisé en matière de logement social. J'étais très lié à Robert Lion, dont le parcours m'intéresse beaucoup. Lui est resté dans l'État ; il aurait pu faire une grande carrière comme directeur de banque, mais a préféré devenir délégué général des HLM et agir en sorte que les HLM n'offrent plus seulement un gîte aux gens mais leur apportent un genre de vie. Cette volonté, qui était aussi au centre de mon travail dans le cadre du Plan, est l'une des raisons pour lesquelles je n'ai pas arrêté de me déplacer, au début des villes nouvelles, dans les quartiers en difficulté, où ces barres commençaient à s'élever, pour savoir comment humaniser le logement. Avec les premières associations de locataires, de défense du droit au logement, j'ai connu les premiers rudiments d'une lutte populaire pour un habitat décent.

Sans m'éloigner de mes affaires, puisque j'en tirais un profit d'image — y compris dans les milieux patronaux et auprès de l'association professionnelle des banques —, j'étais à la fois un banquier innovant, et pris en considération par les pouvoirs publics. Si ces derniers n'étaient pas de gauche, le gaullisme d'antan, celui de Pompidou, en tout cas, restait un gaullisme très interventionniste et planificateur — « l'ardente obligation du Plan** ».

---

* Claude Alphandéry, *Pour une politique du logement*, Le Seuil, 1965.

** Formule employée par le général de Gaulle lors d'une allocution télévisée, le 8 mai 1961 : il avait, à cette occasion, insisté sur l'importance d'une économie planifiée dans le développement de la France.

Que demandaient concrètement les gens, à l'époque ?

On avait beaucoup construit, mais beaucoup de personnes étaient encore sur liste d'attente. La première revendication était donc quantitative. Puis ont commencé à émerger des revendications portant sur le mode de vie dans ces barres et ces tours, ainsi que sur les transports pour aller sur les lieux de travail. Ces contestations allaient de pair avec une remise en cause de l'urbanisme à la Le Corbusier, c'est-à-dire du zonage. Au moment où se créaient des villes nouvelles, l'une des principales discussions portait sur la mixité : il était important d'éviter des zones hyperspécialisées. Il fallait veiller à ne pas séparer la vie commerciale de la vie collective, ou celle-ci de la vie universitaire.

La spéculation immobilière qui, dans les années 1960-1970, a favorisé l'émergence de quartiers dans des territoires où ce juste équilibre n'était pas préservé, a dû vous interpeller, vous qui êtes devenu un porte-parole de l'Économie sociale et solidaire, très soucieuse de territoire ?

Je m'étais élevé contre cela, à la fois dans mon livre et au Plan. En tant que banquier, je ne crois pas avoir jamais accepté des opérations spéculatives. Je me rappelle en particulier avoir refusé de participer au tour de table sur la tour Montparnasse. Pendant assez longtemps, le succès a fait que j'avais une marge de manœuvre pour résister.

Pour autant, je ne suis pas sûr que tous les logements individuels construits à ce moment-là, qui ont distendu les lignes de transports, aient été une très bonne chose. De ces milliers de logements que j'ai contribué à construire, je ne prétendrai pas que le bilan est totalement positif. Beaucoup de gens ont ainsi été logés ; mais, au total, la vie en ville est-elle meilleure ?

« Tout ceci entraîne un sentiment d'extrême précarité »

Vous êtes né en 1922 et avez donc vu la société française se transformer. Avez-vous le sentiment que la période actuelle est particulièrement difficile ?

On a souvent l'impression que les générations précédentes ont connu le bonheur, le calme, tandis que la génération présente serait, au contraire, dans de très grandes difficultés d'être. C'est peut-être plus vrai encore dans la période que nous traversons, depuis, disons, la fin des années 1970, par opposition à la période de développement et d'épanouissement de la société qui avait précédé ; je pense que le contraste rend les choses plus difficiles.

« Une société émiettée et en tension* », dit Jean-Paul Delevoye, l'ancien médiateur de la République. Du fait de la crise, on a l'impression que le climat général est très fataliste.

La crise financière de 2008 a révélé et surtout amplifié les déséquilibres qui lui préexistaient et n'avaient cessé de se développer

---

* *Le Monde*, 21-22 février 2010 ; propos recueillis par Françoise Fressoz et Cécile Prieur.

depuis trente ans environ. Elle a déclenché toute une série de mécanismes de panique parmi ceux-là même qui profitaient le plus de la situation. En vis-à-vis, les réponses qui lui ont été apportées — comme, par exemple, sauver les banques pour endiguer la panique, tenter de réguler le système en luttant contre les paradis fiscaux ou en créant quelques ratios bancaires supplémentaires… — ont paru très superficielles à la plupart des gens, qui ont eu l'impression que, finalement, rien ne se passait, que tout revenait très rapidement au *business, as usual*.

Cela a créé un sentiment de scepticisme généralisé à l'égard de tout ce qui aurait pu, à la faveur de cette crise, nous permettre de créer un monde nouveau — un peu comme on avait eu l'espoir, après la longue période de crise qui avait été à peine surmontée depuis 1929, puis les terribles conflits, les dizaines de millions de morts et les désastres que nous avons connus, que le monde allait tout de même en tirer parti, qu'une autre façon de gouverner allait naître. Après la Seconde Guerre mondiale, on faisait une très grande confiance à l'État qui, dans un contexte de New Deal généralisé, semblait pouvoir réguler, planifier, assurer la sécurité des uns et des autres. On est arrivé aux limites de ce type d'espoir et de réussite lorsque, à la fin des années 1970, avec le retour du libéralisme et le triomphe de l'argent roi, sont apparus les Thatcher, les Reagan puis les Bush — ce qui a été possible parce qu'ils flattaient, en quelque sorte, cet individualisme et cette avidité de consommer toujours plus des biens de plus en plus tentants.

Les déséquilibres sont d'abord écologiques et environnementaux, on le voit bien : l'hyperproductivité, et cette sorte de prométhéisme, de démesure dans la volonté de produire toujours plus et toujours plus sophistiqué, d'éveiller, par là même, la demande et l'avidité des consommateurs, tout cela ne pouvait, finalement, que peser sur les ressources naturelles. On est en train d'attaquer la nature, sa biodiversité, sa capacité en eau, les ressources en énergie… Tout le monde sait que ces problèmes — le dérèglement climatique, le risque accru de catastrophes naturelles — sont réels, malgré les controverses qui existent aujourd'hui et dont on peut se demander si elles ne sont pas animées, en toile de fond, par des gens qui ont intérêt à ce qu'on ne fasse rien.

Ces problèmes sont ensuite économiques, avec des flux financiers qui n'ont plus aucun rapport avec la réalité des biens produits.

Enfin, ces déséquilibres sont sociaux et se traduisent par des inégalités de plus en plus profondes, alors que, entre 1945 et la fin des années 1970, les inégalités s'étaient réduites dans les pays développés — tout en continuant à s'aggraver entre le Nord et le Sud. À cette époque, une classe moyenne importante s'est constituée en Occident, réduisant la proportion des très riches et des très pauvres au sein de la population. À la fin des années 1970, les déséquilibres économiques ont de nouveau rendu beaucoup plus vulnérable le bas de la société, d'abord par le développement de phénomènes d'exclusion qu'on pensait ne plus connaître — grâce, notamment, au système de sécurité sociale, de développement des soins, etc. Ces phénomènes d'exclusion n'ont cessé de s'aggraver et se sont considérablement accélérés depuis ces quinze dernières années : ce sont des milliers de gens qui sont expulsés de leur logement, des dizaines de milliers de gens endettés et interdits bancaires et, dans les rues des grandes villes, ce spectacle incroyable et insupportable des SDF qui se multiplient. Les exclus sont de plus en plus exclus et de plus en plus nombreux.

Dans le même temps, à l'autre bout de la société, la frange très étroite des plus riches a connu une explosion de ses revenus et de son train de vie qui la projette quasiment dans un autre monde, devenu incommensurable aux autres. On y parle en dizaines de milliards de dollars, les revenus y sont comparables à ceux de petits États africains, cela n'a plus de sens.

Vous parliez de la classe moyenne. Jean-Paul Delevoye déclarait en février 2010 : « J'estime à 15 millions le nombre de personnes pour lesquelles les fins de mois se jouent à 50 ou 150 euros près. »

Vous avez raison de pointer cela. Pendant longtemps, la classe moyenne — et peut-être en France plus qu'ailleurs — a paru préservée. Or, avec la crise, ses moyens d'existence sont petit à petit rognés, et ce, de façon sournoise. En apparence, pour ceux qui ne sont pas au chômage, ou pour ceux qui sont au chômage depuis un an et qui touchent des indemnités, il n'y a pas eu de réduction de pouvoir d'achat. Quand on prend les statistiques globales, les économistes disent que le pouvoir d'achat a résisté en 2009. Il a sans doute résisté car un pays comme la France dispose de ressources cachées : les gens ont de la famille, un petit lot de terre à la campagne… mais si la crise dure, comme c'est le cas actuellement, ces réserves finissent par s'épuiser, la famille ne peut plus rien, on passe des indemnités de chômage à l'ASS* et, après l'ASS, on tombe dans le RSA**, dont le montant est très bas et l'obtention bureaucratique et fragile. On évalue aujourd'hui à plus d'un million le nombre de ceux qui se retrouvent sans aucune aide publique se substituant à un salaire qu'ils ne touchent plus.

Bien sûr, tout ceci entraîne un sentiment d'extrême précarité ; avant même que la situation se soit sérieusement dégradée, c'est l'incertitude qui érode le pouvoir d'achat de nombreuses personnes.

Cette peur est très présente parmi les classes moyennes, et particulièrement parmi les cadres et même les cadres seniors, ce qui est un comble, à l'heure où l'on fait reculer l'âge de la retraite. D'autres,

* ASS : Allocation spécifique de solidarité.

** RSA : Revenu de solidarité active ; il a remplacé et complété le RMI (Revenu minimum d'insertion) en 2009.

inclus dans la société, s'aperçoivent que des risques de délocalisation peuvent les menacer : c'est ce qui s'est passé dans l'industrie traditionnelle, cela peut se passer dans les nouvelles technologies, comme cela a été le cas chez Orange, par exemple.

On le sait, les dirigeants de ces entreprises font peser une pression croissante sur leurs salariés pour maintenir leur rentabilité. Ils y parviennent en s'appuyant sur le sentiment diffus qu'ils n'ont pas complètement tort. L'opinion intègre plus ou moins le discours sur la « compétitivité » ; elle n'est pas sans admettre que les coûts excessifs de la main-d'œuvre doivent être résorbés, faute de quoi ces entreprises seront avalées par des groupes étrangers installés dans des pays à bas salaires. Ce discours n'est pas infondé techniquement mais, outre ses effets intolérables, il ne va pas au fond du problème : que fait-on pour prévoir et prévenir cette situation ? Se donne-t-on, face à la mondialisation et au marketing effréné pour des produits souvent inutiles, voire nuisibles, les moyens, les formations nécessaires pour préparer des biens et services socialement et techniquement innovants, et impliquant une main-d'œuvre locale ?

La pression idéologique est encore suffisamment forte pour que l'opinion ne parvienne pas à s'attaquer à ce système. On est là au cœur du problème : le malaise est grand parce que cette société est cruelle, éclatée, parce qu'il y a une grande insécurité, et parce que ces classes moyennes se laissent convaincre qu'il n'y a pas d'autre solution que de continuer à vivre, consommer et produire de la même façon.

Quel regard portez-vous sur l'action des politiques ?

Les politiques sont obnubilés par la question de l'équilibre financier, qui certes pèse sur la vie des gens, sans voir que la crise d'aujourd'hui n'est pas seulement une crise financière ou économique, ni uniquement une crise écologique, mais une crise de civilisation, dans laquelle la représentation que les gens se font du mieux vivre, leur image de l'amélioration de la vie, est complètement perturbée par la puissance de l'argent. Il n'est plus question du contrat social qui fonde les valeurs de la République — la laïcité, la liberté de la presse, l'éducation pour tous ont pour base fondamentale la reconnaissance d'un contrat social entre des gens qui vivent ensemble, et entre lesquels les échanges doivent se multiplier, être pacifiques, bénéfiques pour tous. Or, actuellement, cette idée est en train de se disloquer.

Il n'y a plus que la monnaie que nous ayons en commun, tandis que tout ce qui relève de la relation affective se communique dans un cadre extrêmement étroit et fermé. Se développe ainsi un type de société que je trouve tout à fait exécrable. Et c'est parce qu'elle est insupportable que tant de gens croient trouver dans le communautarisme un refuge contre le malheur.

Le problème n'est-il pas que de plus en plus de nos concitoyens ne s'y retrouvent pas en « jouant le jeu », en respectant le contrat social, et préfèrent, par la bande, faire en sorte de tirer leur épingle du jeu, quitte à transgresser les règles ?

Nous tournons là autour de la question de l'éthique et de la recherche du sens, de l'intérêt égoïste et du moment : l'unique impératif selon lequel on agit est le « tout et maintenant ». Ne sacralisons pas pour autant les temps anciens. L'argent et l'égoïsme existaient déjà, comme Balzac et toute une littérature le montrent. Mais l'extrême démesure de l'accumulation financière tend à casser les valeurs spirituelles.

En même temps, il est très difficile d'en parler sans penser immédiatement à toute l'hypocrisie qui se cachait derrière ces valeurs, contre lesquelles se sont dressés les jeunes et les gens les plus ouverts, en mai 1968. J'ai été un fervent partisan de ce moment de grande libération ; mais je me demande si la conjonction de la puissance de l'argent et la contestation de Mai 1968, qui s'exprime en s'opposant à toute forme de poids moral sur les individus, ne confluent pas sur une libération « excluante », source de dislocation sociale. Non seulement règne aujourd'hui cette puissance de l'argent qui classe les gens et leur permet tout, mais aussi un refus de l'autorité en général, qui disqualifie toute forme d'institution. Dont l'école, la famille, l'autorité parentale, et aussi les élus — qui font tout ce qu'il faut pour justifier ce discrédit.

Devant un tel constat, on se dit que le pire est probable, mais Edgar Morin, lui, dit que « le meilleur est toujours possible » : il suffit qu'un nombre même restreint de gens continue de se dire qu'un autre système est possible et décide de se prendre par la main. Le problème est de faire sortir ceux qui portent l'espérance de la marge de la société.

Et quel est votre regard sur la manière dont cette possibilité d'un autre système est relayée par les politiques ?

Les politiques sont, d'une façon générale, le reflet du malaise de la société. Ils ne sont pas portés par un grand mouvement qui les inciterait à inventer autre chose. La situation est difficile à gérer, pleine de risques d'explosion, alors ils bricolent des demi-solutions qui ne règlent pas le fond du problème et mécontentent tellement de gens qu'ils sont obligés de revenir en arrière.

Y a-t-il, à gauche, des hommes ou des femmes politiques susceptibles de prendre en charge le mouvement qui se manifeste de façon encore éparse dans la société civile ? C'est un espoir que je nourris depuis longtemps, c'est l'espoir de la Nouvelle Gauche depuis la fin des années 1970. On ne peut plus, aujourd'hui, tout attendre de l'État. Il n'y aura pas de Grand Soir et, de toute façon, aucun Grand Soir n'a jamais vraiment résolu les problèmes.

En revanche, il y a, dans cette société civile, des capacités de générosité, de création, de solidarité, des coopérations, qui peuvent être un vrai facteur de transformation, qui sont des contrepoints, des contre-pouvoirs qui limitent les dégâts, rendent la société moins cruelle là où ils peuvent se manifester. Je pense aux contre-pouvoirs syndicaux, aux expériences menées par un certain nombre d'associations — qui ne se réclament pas nécessairement d'un certain bord politique. Prenons les syndicats : dans les entreprises, leurs représentants peuvent se limiter à mener des actions qui concernent les vacances, ou encore s'occuper des contrôles sanitaires. Ils peuvent aller beaucoup plus loin, en incitant leur entreprise à devenir solidaire. Par exemple, quand il y a de la bureautique à remplacer, les représentants d'entreprises ont l'habitude de vendre le matériel existant au plus offrant ; or les comités d'entreprises peuvent peser de tout leur poids pour que soient préférées des entreprises d'insertion qui font du recyclage. Ou bien encore, ils peuvent peser de tout leur poids pour l'embauche de personnes handicapées. Il s'agit en quelque sorte d'une culture nouvelle : les représentants du personnel peuvent aller plus loin que la défense des salaires dans leur entreprise, en développant leur action dans un sens écologique, notamment. Il est clair que le choix d'un outil de production écologique a des effets sur les conditions de travail, l'emploi et les salaires qu'il faut analyser, anticiper, prendre en compte. C'est un choix qui, là, est politique.

Face à un système « dur avec les humbles et complice avec les puissants », pour reprendre le mot de Bertrand Delanoë*, que conseilleriez-vous à la gauche, en vue des prochaines échéances électorales ?

Chacun peut percevoir une série de signes évidents de cette puissance de l'argent, de ce creusement des inégalités. Cela implique

* *Le Monde*, 6 juillet 2010 ; tribune de B. Delanoë : « La France, un pays dépouillé de ses valeurs ».

de revenir à un certain nombre de principes, basés sur des constats simples : la fiscalité de la France est totalement injuste, les services publics fonctionnent mal.

Au plan macroéconomique, on ne réduira pas les inégalités en se contentant de faire payer les riches. Parler de fiscalité au sujet des retraites est évidemment insuffisant puisque, si on prend toute la fiscalité pour rééquilibrer le régime des retraites, manquera alors de quoi renflouer la recherche, ou améliorer la vie dans les quartiers difficiles, etc. Il y a, macroéconomiquement, un vrai transfert à entreprendre, depuis un certain nombre de domaines inutiles, futiles ou malfaisants.

Sans parler d'activités telles que la drogue ou la prostitution, certaines sont malfaisantes par rapport à l'avenir de la planète, tandis que d'autres sont inutiles et futiles — comme celles qui se déversent à travers cette marée de publicité qui conduit les gens à rechercher des services de plus en plus sophistiqués.

Un tel transfert peut s'opérer par des taxes très fortes — c'est le cas pour le tabac ou les produits gros émetteurs de CO_2. On peut sans doute réaliser, au plan macroéconomique, non seulement une ponction des revenus les plus élevés, mais un transfert des productions les plus malfaisantes, inutiles ou futiles, vers des services relationnels qui créent aussi bien de l'emploi qu'une autre façon de vivre. Or, ceci ne peut pas se faire par le haut seulement, surtout dans des pays qui, dotés d'une culture démocratique bien établie, ne peuvent pas se voir imposer de brusques changements de cap. Cela ne peut se faire que *via* une multitude d'initiatives venues d'en bas… ce qui nous ramène à celles de l'Économie sociale et solidaire.

C'est un défaut majeur des programmes de la gauche de ne s'attaquer qu'aux méfaits les plus récents du gouvernement de Nicolas Sarkozy — bouclier fiscal, retraites… Car on voit bien qu'existe une dérive de l'économique qui est bien antérieure à Sarkozy, et qui n'est pas seulement une dérive vers l'économie financière mais, de plus en plus, vers une économie hors sol, qui ne correspond pas aux besoins réels, vitaux, du mieux vivre ensemble. On voit bien, aussi, qu'il est insuffisant de lutter contre ces dérives uniquement par une régulation d'en haut, qui consisterait en lois et décrets. Car, au-delà de ces tentatives se posent des problèmes de gouvernance — c'est-à-dire de relations entre l'État, les collectivités territoriales, les acteurs économiques, les citoyens — qui sont fondamentaux, ainsi que des problèmes de consolidation et de performance de cet ensemble associatif porté par la société civile. Il y a quelque chose de frappant dans le fait que la gauche n'ait pas du tout pris en compte l'attaque formidable contre les associations que constitue la circulaire du 18 janvier 2010, qui met en concurrence pratiquement toutes les associations du secteur social avec les entreprises marchandes, en renonçant à toute politique contractuelle qui, en échange d'obligations d'utilité sociale, leur garantissait un appui. Que la gauche n'ait pas repris ça montre à quel point elle ne se soucie pas de la société civile.

La gauche sociale-démocrate a vingt-cinq ans de retard. Elle traite de problèmes de régulation dont il aurait fallu s'occuper à la fin des Trente Glorieuses mais qui, dans le rapport de force créé par le capitalisme financier, sont aujourd'hui sinon secondaires, du moins liés à d'autres tout aussi essentiels. Elle regarde avec scepticisme les initiatives de l'Économie sociale et solidaire ; elle n'est pas convaincue de leur capacité de remettre en cause et de transformer le modèle socio-économique.

« Il faut s'emparer du problème de façon plus radicale »

L'Économie sociale et solidaire constitue-t-elle une partie de la réponse ? Et, pour commencer, quelle est votre définition de l'Économie sociale et solidaire ?

L'Économie sociale et solidaire est constituée de milliers d'initiatives très diverses dans leurs réalités, mais qui partagent des caractéristiques essentielles : un projet économique au service de l'utilité sociale, une mise en œuvre éthique, une gouvernance démocratique et une dynamique de développement fondée sur un ancrage territorial et une mobilisation citoyenne. Ces initiatives ouvrent des voies nouvelles car elles cherchent à produire, consommer et décider autrement, à animer un projet économique de manière plus respectueuse des personnes, de l'environnement et des territoires.

L'Économie sociale et solidaire est présente partout où l'on promeut la recherche du bien commun. Au sens le plus large, elle représente en France 200 000 entreprises et plus de deux millions de salariés, soit près de 10 % de l'emploi, et environ un emploi créé sur cinq. Loin d'être une exception française, l'Économie sociale et solidaire se retrouve et se développe partout en Europe mais aussi au Québec, en Asie, en Amérique Latine…

Elle concerne des associations, des coopératives, des mutuelles, mais aussi des entreprises commerciales — dès lors qu'elles ont une finalité sociale et ne sont pas motivées par le seul profit. Celui-ci, déterminé aujourd'hui par les exigences démesurées des fonds de pension, par la recherche de taux de rentabilité excessifs, par les pratiques d'OPA, de fusion ou de délocalisation, entraîne une pression de moins en moins supportable sur les salariés et rend de plus en plus formel et problématique l'exercice de la démocratie dans des entreprises dominées par des actionnaires souvent lointains et cupides. Les entreprises de l'Économie sociale et solidaire développent au contraire des formes innovantes d'organisation du travail, des modes originaux de formation et d'accompagnement de leurs salariés, des relations de confiance avec leurs clients ou leurs usagers.

Généralement très ancrées sur leur propre territoire, elles investissent des créneaux d'activité souvent ignorés par les autres entreprises, parce qu'elles sont nées de besoins exprimés localement; elles utilisent des ressources de proximité, et elles entretiennent des relations très fortes avec les institutions environnantes. Elles sont donc très précieuses pour le développement et la cohésion sociale d'un territoire : entre les différentes classes de la population, entre le monde rural et le monde urbain, sur le plan des logements et de l'urbanisme, de la santé, de la culture, du mieux vivre…

Mais une entreprise du secteur lucratif comme Michelin, dont l'implantation sur le territoire de Clermont-Ferrand est historique, ne pourrait-elle pas avancer les mêmes arguments* ?

---

* Dans sa « Charte Performance et Responsabilité », le Groupe Michelin annonce ainsi : « Par son activité quotidienne, notre entreprise influence, de fait, les conditions de travail et de vie de nombreuses personnes ou groupes de personnes, qui deviennent ainsi ses parties prenantes. (…) Nous considérons comme notre responsabilité de participer au développement économique des régions où nous sommes implantés, en aidant chaque fois que possible à la création d'emplois en dehors de notre entreprise. »

Michelin ne peut avancer l'argument de la démocratie. Ses salariés et ses sous-traitants n'ont aucune voix au chapitre. Il est vrai en revanche que l'expansion de cette entreprise est une chance pour Clermont-Ferrand, de même que la prospérité des grandes mutuelles d'assurances est une fortune pour Niort. Mais aujourd'hui de très grandes entreprises comme Michelin essaiment en un nombre considérable de petites entreprises, et il est essentiel de faire en sorte que le territoire organise bien cet essaimage. Nous insistons beaucoup sur ce point, dans le Labo de l'ESS*. Il faut que les entreprises du secteur solidaire ou les petites entreprises locales, mais aussi les grandes entreprises, créent des pôles de coopération sur le territoire, afin que ce dernier valorise au mieux ses ressources humaines et sache innover socialement.

De tels pôles facilitent la mobilité salariale : si, avec les évolutions technologiques, certains secteurs sont en déclin, le rôle de ces pôles est de l'anticiper, de travailler sur l'évolution des filières, et de faire passer les salariés concernés sur d'autres entreprises. Ces pôles peuvent se présenter de façons très diverses. Ils sont généralement des lieux de coordination entre acteurs publics et privés, de transfert de savoir-faire, d'échange de services, voire de mutualisation ; ils offrent aux salariés de meilleures chances de formation et de sécurisation de l'emploi. Ils constituent une masse critique réunissant les éléments humains, techniques, financiers et administratifs d'un nouveau savoir-faire, pour le vendre dans les meilleures conditions. Tel est l'exemple de Romans-sur-Isère. Jusqu'en 2005, plusieurs grosses unités de production employaient pratiquement les trois quarts de la main-d'œuvre locale. À la suite de la crise de la chaussure et de l'effondrement de la plupart de ces grosses unités en raison de délocalisations massives, un pôle

---

* Initié par Claude Alphandéry en janvier 2009 avec la publication de « 50 propositions pour changer de cap », le "Labo de l'ESS" est une démarche participative qui vise à mobiliser les acteurs de l'Économie sociale et solidaire autour d'une plateforme partagée de messages clés et de propositions fortes en faveur de l'Économie sociale et solidaire, à installer dans le débat public ». Source : www.lelabo-ess.org

a été créé, qui essaie de valoriser cette renommée mondiale, cette compétence transmise depuis des générations, sur des créneaux quelque peu insolites : chaussures pour handicapés, chaussures pour sportifs… Pour autant, la création de ces petits ateliers ne suffira pas à remplacer les milliers d'emplois qui existaient auparavant. Il faut donc à la fois — et c'est là le rôle de ce pôle de concertation — donner toutes les chances à ceux qui sont créatifs dans un domaine, tout en les liant au développement d'autres activités. Ainsi, le design de chaussures nouvelles passe par les technologies de l'information ; si on crée de la technologie de l'information pour des chaussures, on peut l'utiliser aussi pour d'autres secteurs où le design est nécessaire : il y a la possibilité de créer un lien, c'est-à-dire de défragmenter des initiatives.

Mais ces initiatives constituent-elles mieux qu'un contrepoint, qu'une réponse ponctuelle à des difficultés, constituent-elles vraiment des facteurs de transformation ? C'est là le cœur de notre problème, le nœud de notre conversation. L'Économie sociale et solidaire consiste en un certain nombre d'initiatives dispersées, que l'opinion regarde avec sympathie mais considère comme des actions ponctuelles, fragmentées et essentiellement réparatrices, d'ordre microéconomique, donc marginales ; elle n'en voit ni le lien ni le pouvoir transformateur. Il est essentiel que nous arrivions à faire la preuve du lien existant entre croissance verte et croissance solidaire, et à montrer qu'il ne peut y avoir de véritable projet écologique qui ne soit en même temps à caractère social. Autrement dit, on ne convainc pas les gens d'en finir avec la civilisation de la voiture individuelle si on ne crée par d'autres modes de mobilité ; il est vain de se lancer dans des projets d'aide à l'insertion par l'activité économique, d'accompagner des gens en difficulté pour le retour à l'emploi, si l'on ne crée pas d'emplois pour remplacer les emplois définitivement perdus : on aura beau former des jeunes gens aux métiers de la raffinerie et de la sidérurgie, il n'y aura plus d'activité pétrolière ou sidérurgique pour les employer. Ou encore : on ne généralisera pas la conversion de l'agriculture au bio si on n'organise pas d'abord une nouvelle façon de produire, et on ne produira pas de bio en France en quantités suffisantes pour la grande distribution sans effectuer un travail sur le foncier, etc.

Tout est extraordinairement lié, mais ces relations restent difficiles à comprendre. Et il est vrai que, dans l'ensemble, les gens sont plus sensibles aux problèmes de l'emploi et du chômage, de leur retraite, de leur pouvoir d'achat, et c'est sur ces sujets-là que se font les campagnes électorales. Comment démontrer qu'on ne résoudra pas le problème du chômage, ou celui des retraites, si on ne crée pas d'autres formes d'emploi ? C'est le défi de cette Économie sociale et solidaire, qui est le gage de ce qu'Edgar Morin appelle « la métamorphose », c'est-à-dire la déconstruction des équilibres économiques tels qu'ils sont, devenus des déséquilibres, et leur reconstruction en autre chose — la métamorphose n'étant pas la révolution, car elle ne prétend pas installer le bien absolu face au mal absolu, elle garde la possibilité de se poser des questions et d'y réagir.

Êtes-vous soutenu par certains économistes ?

Un écart sépare le microéconomique du macroéconomique, qu'il faudrait réussir à expliquer, sans quoi les défenseurs de l'Économie sociale et solidaire manqueront toujours de crédibilité. Des gens aussi remarquables que Daniel Cohen*, ceux de l'École de Paris, par exemple, ne voient pas encore en quoi des expériences microéconomiques qu'ils trouvent pourtant très positives, sont susceptibles de faire bouger les lignes. Le modèle que nous préconisons, d'un transfert de secteurs de haute productivité à des secteurs de

* Daniel Cohen est économiste, fondateur de l'École d'économie de Paris, directeur du département d'économie de l'École normale, consultant auprès du FMI et de la banque Lazard. Il est l'auteur de *La Prospérité du vice* (Albin Michel, 2009). Il affirme en particulier la nécessité d'une moralisation de l'économie, dénonçant « la course insatiable à vouloir s'enrichir toujours plus vite que les autres… sans que cette course [n'aboutisse] jamais à nous satisfaire à un moment où on découvre l'exiguïté de la planète ».

faible productivité, leur paraît ouvrir sur des problèmes dont ils ne voient pas les solutions.

L'économie reste cloisonnée. On trouve, d'un côté, un secteur de très haute performance, où les gens sont payés très cher et qui suppose un enseignement élitiste et la mobilisation d'importantes qualités intellectuelles ; de l'autre, un secteur qui a une simple activité relationnelle ne demandant pas les mêmes efforts technologiques. Mais à regarder de plus près, le secteur dit « très productif » sécrète d'innombrables externalités contre-productives (coût de l'organisation bureaucratique, frais de publicité et de lobbying, coûts financiers, d'assurances, de contentieux, etc.). L'autre secteur entraîne une productivité reposant sur la confiance et permet d'éviter des coûts liés au chômage, aux maladies, aux violences. Autrement dit, comme le bon et le mauvais cholestérol, il y a la bonne et la moins bonne productivité ! La première doit dominer la deuxième, et l'on en revient à cette phrase d'Edgar Morin selon laquelle « l'Économie sociale et solidaire refoule progressivement et systématiquement l'ère économique déterminée par le seul profit ». La question est : comment la refouler ? Dans quels délais ? Dans quel espace ? On a là une négation du Grand Soir qui, lui, suppose de renverser les institutions, de nationaliser les entreprises. Mais si le mouvement est progressif — à chacun son rythme —, il est quand même systématique — il concerne toutes les branches d'activités et n'est pas laissé à la bonne volonté des patrons… même s'ils s'appellent Franck Riboud ou Muhammad Yunus.

Vous évoquez la difficulté de communiquer de façon claire auprès des décideurs pour faire passer les réussites microéconomiques au niveau macroéconomique. Quelles sont ces expériences microéconomiques qui vous paraissent montrer la voie ?

Il y en a beaucoup. L'expérience des Jardins de Cocagne me paraît exemplaire parce qu'elle prouve, mieux que d'autres, la nécessité d'élargir la réflexion*. Éducateur, Jean-Guy Henckel désirait, au départ, donner un accès au travail, principalement à des gens du voyage, des saisonniers, qui fréquentaient son centre d'hébergement près de Besançon. Il a d'abord constaté la nécessité de former ces personnes à la culture sans pesticides, en appliquant des méthodes de formation qui se sont améliorées petit à petit. Pour résoudre la question de la commercialisation de ses paniers de légumes, il en est venu à mettre en place des circuits courts pour lier des maraîchers et des consommateurs qui, à proximité du jardin, avaient envie de consommer des produits bio. Il a ainsi créé un lien coopératif entre des gens très différents : maraîchers, jardiniers en insertion, consommateurs. À la recherche d'autres façons de produire, ces maraîchers sont entrés en contact avec les municipalités puisque, pour créer des jardins, il faut avoir du foncier ; or, non seulement les prix sont très élevés, mais les municipalités préfèrent vendre à des entreprises ou à des grandes surfaces, qui paient beaucoup de taxe professionnelle.

On peut citer maints exemples d'une telle métamorphose : pour les Jardins de Cocagne, la chrysalide, c'est l'accès à l'emploi de maraîcher pour des gens du voyage. Le cycle de transformation les a conduits à l'agriculture biologique, aux circuits courts producteur-citoyen, aux coopératives de citoyens, à l'aménagement du territoire. Le lien puissant de la solidarité donne naissance à d'autres façons de consommer, de vivre ensemble, à d'autres formes de développement.

L'autre exemple qui m'a passionné dès que j'en ai eu connaissance est celui du réseau Envie. Il s'agit d'un réseau d'entreprises d'insertion qui recycle du matériel, essentiellement électro-

---

* Les Jardins de Cocagne sont des jardins maraîchers biologiques à vocation d'insertion sociale et professionnelle. À travers la production et la distribution de légumes biologiques à des adhérents consommateurs, ces jardins permettent à des adultes en difficulté de retrouver un emploi et de (re)construire un projet personnel. Voir également *Dans un pays de Cocagne*, entretien avec Jean-Guy Henckel, éditions Rue de l'échiquier, 2009.

ménager — qu'il s'agisse de l'électroménager usagé et rendu pour un achat nouveau, ou des appareils de deuxième choix, sortis de l'usine avec un défaut. Ses fondateurs ont repris une idée déjà ancienne, celle de la récupération — ce que fait Emmaüs, par exemple, avec les fripes qui, une fois nettoyées, peuvent être revendues à des prix imbattables —, et l'ont appliquée à la technologie nouvelle, avec l'aide d'ingénieurs d'IBM et de commerciaux de chez Darty. Là aussi, on a une alliance d'acteurs divers : des gens venus des mouvements sociaux et de la lutte contre la pauvreté, et d'autres, intégrés dans le secteur de la haute technologie, qui ont la curiosité de regarder ce qui se passe ailleurs que chez eux. Pendant très longtemps, ils ont récupéré ce qu'on appelle l'« électroménager blanc » — les machines à laver, mais pas les télévisions, par exemple. Or les choses ont évolué, et une directive européenne attendue depuis longtemps, la D3E*, interdit désormais à la décharge les équipements électriques et électroniques : l'ensemble des matériaux utilisés dans les appareils domestiques et bureautiques doit donc être traité et recyclé, une partie étant récupérée pour d'autres usages. Des groupes importants comme Véolia, Sita-Suez, qui, jusque-là, ignoraient ces problèmes, ont, dès lors, commencé à s'y intéresser.

Envie a donc été confronté à deux types de problèmes qui l'ont obligé à se transformer. Une grande part de son chiffre d'affaires consistait en effet à réparer des machines pour en faire des produits d'occasion revendus à bas coût dans des boutiques spécialisées. Une quarantaine de magasins Envie ont ainsi été créés à travers la France. Puis, avec la délocalisation, il est apparu que les produits du tiers-monde n'étaient pas plus chers que les produits transformés et revendus d'occasion. Et, dans le même temps, la gamme des produits à recycler s'est étendue et a

* La DEEE, ou Directive européenne sur les déchets d'équipements électriques et électroniques, du 27 janvier 2003, porte sur la gestion et le traitement de ces déchets dont elle vise à favoriser le recyclage.

commencé à intéresser les grandes entreprises. Envie a donc dû trouver les créneaux dans lesquels ses capacités de transformation, non capitalistiques mais humaines, et reposant essentiellement sur des gens qu'ils formaient, leur permettaient de rivaliser avec des entreprises disposant de capitaux énormes et capables d'investir dans des machines broyeuses très intelligentes. S'en est suivie une période « conflit/coopération » qui n'a pas été facile mais qui, je crois, a posé le problème de la juxtaposition et de la possibilité d'une coopération entre une industrie capitalistique extraordinairement évoluée, très productive, d'une part, et une activité industrielle reposant sur la formation de gens en difficulté, d'autre part — cette formation devant être, en même temps, une anticipation de métiers à venir.

L'insertion par l'activité économique n'est ainsi pas simplement réparatrice — prendre des gens en grande difficulté et leur donner l'occasion, avec l'aide publique, de trouver un emploi provisoire —, c'est en même temps, en tenant compte des possibilités de développement, et notamment au niveau local, trouver les formations et anticiper sur les métiers permettant de participer à un véritable développement économique.

Vous avez, jusqu'à présent, défini l'Économie sociale et solidaire par ce qu'elle n'est pas — le refus de faire du profit un objectif —, et par l'exemple — les Jardins de Cocagne, le groupe Envie… Souvent, vous évoquez l'importance de l'équilibre entre production et consommation. Pouvez-vous préciser cette idée ?

Il n'est pas seulement question d'un équilibre entre la production et la consommation, mais entre la production, la consommation et tous les stades intermédiaires. On en trouve des exemples dans les coopératives du Jura, pour le Comté, notamment. La vie d'un fromage, depuis la vache ou la chèvre qui produit le lait, jusqu'au consommateur, comprend de nombreuses étapes et des transformations successives. Ce qui est vertueux, c'est que ces coopératives arrivent à faire en sorte qu'aucun élément du secteur ne devienne hégémonique. Dans la plupart des filières, on distingue un endroit où se fait l'essentiel du profit, qu'il s'agisse du producteur, du grossiste, du transporteur ou du distributeur ; or la vraie coopérative doit se faire sur l'ensemble de la filière. Il s'agit de prendre en compte toutes les parties prenantes : à la fois le consommateur, pour lui permettre d'acheter ses produits au meilleur prix (parce que s'il doit, chaque fois, payer une prime de 10 % ou 15 %, ce type de commerce restera marginal), et le producteur, qui doit lui aussi bénéficier du meilleur prix pour, notamment, payer au mieux ses salariés. Un tel équilibre implique des relations étroites entre chaque partie, des formes de gouvernance issues d'une recherche permanente car, en fonction du contexte — selon les saisons, l'état de tel ou tel marché —, il faut, à tout moment, être capable de revoir les conditions de cet équilibre. S'il doit en être ainsi pour les producteurs du commerce équitable, le consommateur a droit aussi à des égards : à aucun moment, cet équilibre ne doit se faire à son détriment — ce qui suppose qu'il soit un « consomm'acteur », un consommateur actif sachant ce qu'il consomme et à quel moment, pourquoi et de quelle façon.

Prenons le cas des produits bio : consommer bio correspond, en ce moment, à une mode. Ou bien cela reste marginal, ou bien tel ou tel grand distributeur s'assure une position hégémonique en trouvant un créneau de profit plus élevé à partir de cette tendance, et en développant un monopole. Ou encore, des consommateurs se regroupent et discutent entre eux. Le cas des AMAP* est, à cet égard, très intéressant ; la plupart des producteurs maraîchers qui sont entrés dans le système l'ont fait essentiellement pour échapper

---

* AMAP : Association pour le maintien d'une agriculture paysanne. Une AMAP naît en général de la rencontre entre un groupe de consommateurs qui souhaite se fournir en produits de qualité (légumes, fruits, œufs, fromage, etc.) et un producteur maraîcher. Chaque consommateur s'engage à acheter par avance un panier hebdomadaire, à un prix défini contractuellement.

à un système de distribution qui leur imposait des conditions draconiennes, les fameuses marges arrière. Tous n'en ont pas pour autant immédiatement déduit qu'ils feraient du bio, car cela supposait que chacun remette en cause son propre mode de production, son savoir-faire : cela ne se fait pas d'un coup, et peut-être même cela ne peut-il se faire que si les consommateurs incitent les producteurs à aller dans ce sens, lorsque la coopération est initiée et que le dialogue est possible — cette coopération constituant en même temps, pour le producteur, une garantie de revenus. Une telle reconsidération des richesses, un tel équilibre des prix, exige une forme de gouvernance démocratique, de consultation réciproque et de négociation permanente, et c'est en cela que l'Économie sociale et solidaire apporte des réponses globales : on ne change pas les façons de consommer ou de produire si on ne trouve pas une autre forme de relation et de gouvernance entre les parties prenantes.

On voit très bien comment un équilibre entre production et consommation peut fonctionner à l'échelle de certains secteurs : vous parliez du Comté, des Jardins de Cocagne, de l'électroménager recyclé... Néanmoins, à ce stade, tout cela reste marginal, par rapport à l'ensemble de l'économie : on reste là entre gens de bonne volonté. Mais au-delà, l'Économie sociale et solidaire peut-elle s'emparer de secteurs compétitifs ?

Je ne vois pas, pour le moment, de grands secteurs industriels, tels l'aéronautique ou l'industrie automobile, se mêler à nos combats. Nous cherchons à faire une place de plus en plus large à l'Économie sociale et solidaire — c'est-à-dire, pour l'instant, renforcer ce qui existe et faire en sorte que ce qui est en place irrigue le reste.

Avec les technologies modernes, on a énormément gagné en productivité pour faire des avions, du textile, des matériaux de construction. Mais que fait-on de ce gain de productivité ? Il est transféré pour couvrir les coûts juridiques, financiers ou publicitaires du système, voire le train de vie abusif de certains dirigeants — au point que les progrès de la productivité, qui devaient s'accroître avec les nouvelles technologies, se sont ralentis considérablement. Il est possible, en s'appuyant sur une réglementation appropriée et une fiscalité adéquate, d'éliminer ou de réduire ces transferts abusifs et de faire plus pour les quartiers dégradés, la protection de l'environnement, les personnes âgées isolées ou les jeunes qui ne trouvent pas de travail.

Pourtant, la seule fiscalité ne suffit pas. Certaines méthodes de l'Économie sociale et solidaire, notamment dans les relations de gouvernance, peuvent être également utilisées dans ces grands secteurs : on peut instaurer d'autres types de relations entre la direction et le personnel, une autre utilisation de la décentralisation, pour inventer d'autres formes de délocalisation : sans faire rentrer l'économie productiviste la plus avancée dans l'Économie sociale et solidaire, il est possible de changer les façons de faire et, dans une large mesure, ce changement, l'Économie sociale et solidaire peut l'initier. Loin de lui nuire, ces comportements renforceraient la productivité.

Vous insistez sur le fait que les secteurs de haute et de faible productivité peuvent se combiner. Et, en relation avec ces nécessaires changements, vous évoquez le problème de la formation : les écoles, et en particulier les écoles de management, ont leur rôle à jouer*.

---

* Invitées à tirer les leçons de la crise, les écoles de management semblent décidées à faire leur *mea culpa* : plusieurs organismes, parmi lesquels la Fondation nationale pour l'enseignement de la gestion des entreprises, l'Institut de l'entreprise, le Cercle de l'entreprise, demandent instamment que les écoles de management, ainsi que tous les établissements du supérieur qui délivrent une formation dans cette discipline, repensent leurs objectifs de formation. « Nous sommes coupables d'une forme d'arrogance, notamment à l'égard du temps, du risque, du collectif et des valeurs », explique Jean-Pierre Helfer, président du Cercle de l'entreprise et directeur général de l'école de commerce Audencia Nantes School of management. Source : *Le Monde*, 24 juin 2010.

Que faudrait-il apprendre aux jeunes étudiants d'écoles de commerce, selon vous ?

La première question est celle de l'engagement personnel de chacun. On ne peut pas demander tout et tout de suite. La société est régie par une forme de mimétisme. Ce qui conduit les jeunes à entrer dans un système de management soumis à la performance individuelle, sans lien avec le social, est peut-être moins l'appât de l'argent qu'une façon de se conformer à la tendance générale.

Néanmoins, je crois qu'on trouve toujours aussi, dans une société, des contre-tendances. Pas seulement des contre-pouvoirs, comme dirait Pierre Rosanvallon*, mais des contrepoints allant contre la mode, contre la tendance. En toute jeune personne existe cette ambivalence : à la fois, le mimétisme « prévalent » et la « contre-tendance ». Celle-ci se manifestait notamment, dans les années 1980, par le fait de rejoindre une ONG. Aujourd'hui, une grande école comme HEC a une chaire d'Économie sociale et solidaire ; cela n'était pas le cas il y a dix ans, et cela reste insuffisant. Il faudrait reprendre la question de beaucoup plus loin. En effet, l'éducation civique, qu'est-ce que c'est ? Elle devrait comprendre tout ce que nous avons évoqué sur le contrat social, les valeurs de la République, l'absence d'autorité légitime, la reconsidération des richesses, les transferts d'activité, la nuisance de certains fonctionnements, l'extraordinaire confiance qu'on peut prendre à être bien ensemble — et, finalement, la productivité qu'on peut y trouver. Tout cela ne devrait pas être cantonné à des chaires expérimentales et isolées, mais inclus dans l'enseignement public le plus général, et, au-delà, dans toutes les modalités d'information, de formation et d'éducation.

Il faut s'emparer du problème de façon plus radicale, car la société marche sur la tête — ou plutôt sans sa tête. Rien ne se fera sans

---

* Voir Pierre Rosanvallon, *La Contre-démocratie, La politique à l'âge de la défiance*, Le Seuil, 2006.

éducation populaire — ce qui inclut l'enseignement de la jeunesse, les études supérieures, ainsi que beaucoup d'initiatives allant du spectacle dans la rue aux déclarations politiques. Ne peut-on dire par exemple qu'un orchestre de gens du voyage sur une place a la valeur d'un discours ? Jusqu'à présent, dans l'Économie sociale et solidaire, on n'a pas été assez en relation avec les gens du milieu artistique, les intermittents du spectacle, qui vivent dans des conditions de grande insécurité. Pourquoi ne pas construire avec eux des manifestations, des meetings, des événements inédits et festifs ?

Il faut faire en sorte de ne pas se contenter d'actions limitées à l'issue desquelles chacun suivrait son cours d'Économie sociale et solidaire comme il l'aurait fait, en d'autres temps, d'un cours de management. C'est aussi un problème de temps, de stress : je ne crois pas qu'on puisse séparer l'Économie sociale et solidaire de toutes ces questions. Il faut partir du malaise de notre civilisation et tâcher de voir en quoi les initiatives qui constituent le tissu social ne sont pas seulement réparatrices, mais transformatrices — ce qu'elles ne seront qu'en allant de pair avec une politique macroéconomique, qui elle-même n'existe que si elle repose sur ce socle d'initiatives de l'Économie sociale et solidaire : telle est la cohérence de l'ensemble.

Dans l'appel que vous avez lancé aux candidats aux élections régionales qui se sont tenues en mars 2010, vous avez invité les politiques à considérer l'Économie sociale et solidaire non plus comme une entité marginale au sein du pays, mais comme la locomotive d'une transformation radicale de la société.

Les élections régionales étaient l'occasion d'inciter non seulement l'opinion, mais les candidats à réfléchir sur la possibilité de se servir des initiatives de la société civile. Où peut-on mieux le faire que, précisément, sur les territoires que constituent les régions ?

D'abord, il faut prendre conscience que ces initiatives existent : certes, nous sommes dans un monde en rapide mutation et en grande difficulté ; les progrès de la technologie et la mondialisation nous font subir de très grandes transformations que nous n'arrivons pas vraiment à dominer, mais un certain nombre d'exemples montrent aussi qu'on peut ne pas subir cette situation. La question est : comment faire pour que ces exemples isolés et fragmentés prennent corps, pour que l'opinion et, grâce à elle, les élus, prennent conscience qu'il y a là les éléments d'un vrai programme politique, d'un vrai projet de société ?

Quand, en 2004, la gauche a remporté 24 régions sur 26, on a certes constaté un intérêt pour ces initiatives — ici, des emplois tremplins ont été créés pour faciliter la vie des associations, ailleurs, des commandes publiques sont allées à ces associations, ou des subventions leur ont été accordées… Mais cela n'est pas allé plus loin. Bien sûr, les moyens des régions sont limités ; pourtant, elles auraient pu prendre conscience qu'il leur était possible de présenter à l'État une volonté politique commune et d'affirmer : « nous pouvons faire les choses ensemble. » Car, tout de même, le changement de modèle social dont nous parlons ne viendra pas seulement des territoires. Ceux-ci représentent un « appel d'air » considérable, mais une réponse globale est nécessaire, au niveau de l'État, d'abord, puis au niveau européen et dans les institutions mondiales.

Les régions n'ont cependant pas exercé une pression politique suffisante, alors même que leurs élus siégeaient aussi, bien souvent, au Parlement. On ne les a jamais vus pousser à une autre forme de gouvernance de l'État, qui se serait traduite par une contractualisation des principales mesures, on n'a assisté à aucune « co-construction » des dispositifs entre l'État, les différentes instances territoriales et les autres acteurs, associations et entreprises, qui participent à ce développement. C'est là un vrai problème politique.

Pourquoi cela n'a-t-il pas eu lieu ? Est-ce parce que la classe politique dans son ensemble reste, finalement, assez sceptique quant au fait que l'Économie sociale et solidaire puisse être une alternative ?

C'est un fait, en tout cas : des économistes, des élus, y compris parmi les gens qui sont très conscients des dangers que nous courons, tant sur le plan écologique que sur le plan social, sont à l'image des grands médias : ils savent que ce type d'économie existe mais n'en parlent pas, ou peu, ils ne le font que de façon adjacente ou, parfois, condescendante. Il ne suffit pas d'expliquer que ces médias ont un fil à la patte, qu'ils sont liés à des lobbies. L'action des lobbies est une réalité, bien sûr — telle que celle de l'industrie chimique en matière de médicaments ou des compagnies de travaux publics —, mais cela n'explique pas une telle réticence à l'égard de l'Économie sociale et solidaire.

Ces réserves, je les imputerais d'abord à une imprégnation idéologique. Prenons l'exemple de l'automobile. On voit bien que si, brutalement, par des mesures fiscales drastiques, l'on augmentait le coût de la production et de l'utilisation de l'automobile au point de décourager les utilisateurs, ce serait alors des millions d'emplois qui disparaîtraient. En l'occurrence, plus qu'un lobby, c'est le monde de la finance qui se défend, et ce monde pénètre, à travers les ouvriers menacés de chômage et les banlieusards privés de transports en commun appropriés, l'ensemble de la société. Quant aux banques, autre exemple, on voit à quel point elles sont protégées. Et le public lui-même, tout vitupérant qu'il soit à leur encontre, n'est pas près de s'en passer… Que deviendrait notre société sans ses banques ? On en arriverait presque à nous faire croire qu'elle retomberait dans le Moyen Âge. Et puis, nombreux sont ceux qui pensent que d'autres problèmes doivent être réglés en priorité : celui des déficits budgétaires monstrueux, celui du danger d'un retour au protectionnisme qui mettrait en péril des pans entiers de notre industrie ou de notre agriculture. La difficulté est de montrer que la seule façon de résoudre ces problèmes est de changer de mode de développement. Or la dispersion du tiers secteur de l'économie solidaire fait qu'on n'a pas encore la capacité de convaincre de ceci : si on déverse un certain nombre d'activités de production matérielle ultrasophistiquées (et ne correspondant pas aux besoins fondamentaux des gens) vers des services relationnels qui, eux, correspondent aux besoins nouveaux de la vie urbaine et d'une société de plus en plus complexe, alors cela peut régler le problème de l'emploi*. Ce problème de l'emploi lui-même exige que l'on modifie aussi le temps de travail ; et si on règle le problème de l'emploi, le problème des retraites se posera différemment : c'est en grande partie parce qu'il y a autant de chômeurs que les cotisations sont devenues complètement insuffisantes ; si on considère comme de l'emploi les activités dans le domaine solidaire, le problème de l'âge de la retraite pourra, à son tour, être examiné différemment. Ce que les gens ne supportent pas, c'est, au-delà d'un certain temps, de continuer des activités répétitives, lourdes. Mais si on leur permet de se créer une seconde vie active dans des secteurs où ils donneront de leur générosité, de leur empathie, cela changera complètement les données du problème.

Plus profondément, les sceptiques ne pensent pas que des solutions non violentes puissent adoucir la brutalité du monde, et ils n'imaginent pas les voies d'une transition qui se ferait sans contraintes excessives ou sans passage à vide entraînant misère et impuissance.

L'appel que vous avez lancé a-t-il reçu un écho qui vous a satisfait ?

Les conseils régionaux sortants ont fait beaucoup, mais l'Association des régions de France est restée discrète. Les élus n'ont

* Note de C. Alphandéry : L'économiste Alfred Sauvy a très bien décrit les effets du « déversement » des activités agricoles vers l'industrie, puis vers les services, au XXe siècle.

pas été capables de capitaliser sur un plan politique d'ensemble, et ce, au sein même de leurs propres partis — à l'exception peut-être des Verts, qui étaient très souvent les vice-présidents chargés de l'Économie sociale et solidaire, et qui ont mieux réagi. Les conseils en place en 2010 étaient donc tentés, dans leur bilan, de ne parler que des lycées, des transports, toutes choses très importantes par ailleurs, mais qui ne concernent que des infrastructures. Agir de la sorte va dans le sens qu'a imprimé l'État, puisque les contrats de plan État/régions ne portent que sur les infrastructures. Autrement dit, tout ce qu'il y a d'immatériel, tout ce qui, par exemple, pouvait concerner le développement de pôles d'innovation, ne fait plus partie des contrats de plan État/régions. Les élections régionales de 2010 ont hâté la prise de conscience « sociale et solidaire » des nouveaux élus. Les vice-présidents des conseils régionaux chargés du développement économique et de l'Économie sociale et solidaire participent aux états généraux de l'Économie sociale et solidaire, et les schémas directeurs visent explicitement à promouvoir d'autres formes de développement, en capitalisant les expériences existantes.

Que voulez-vous dire par : « capitaliser les expériences » ?

Je pense au transfert et à la valorisation du savoir-faire. Les institutions ont peu cherché, jusqu'ici, à déterminer ce qui change la donne, à comparer, par exemple, selon la méthode empirique d'Esther Duflo*, les résultats des territoires dans lesquels des expériences d'Économie sociale et solidaire ont été menées. Quel a été leur impact au niveau de l'emploi, de la formation et du développement local ? Il y a encore beaucoup à faire sur le plan des critères d'évaluation et du recueil des données statistiques. Quelques observatoires ont été créés ici ou là, mais de façon non

* Titulaire de la chaire « Savoirs contre pauvreté » au Collège de France et professeur en économie du développement au MIT, Esther Duflo a développé une méthode d'évaluation des politiques de développement inspirée des essais cliniques en médecine.

homogène, donc sans *bench marking* possible, sans données exploitables, sans vue d'ensemble.

Quels sont vos objectifs désormais ?

Nous avons rédigé ce livre blanc que nous appelons « le Labo », qui regroupe 30 organisations et 80 personnalités — toujours dans le souffle de Jacques Delors et d'Edgar Morin. Les élections régionales créaient un contexte politique qu'il importait de saisir, et ce d'autant plus que la plupart des exemples dont nous nous servons sont nés sur des territoires et ont, assez largement, fait l'objet d'une politique territoriale. C'était donc l'occasion pour que les institutions s'engagent à faire mieux — ce qui ne signifie pas forcément s'engager à faire plus, en mettant 45 millions d'euros au lieu de 30 dans telle ou telle opération tremplin. Cela, on se rend vite compte que les institutions régionales ne sont pas libres de le faire : leur marge de manœuvre financière est très faible, et l'État est plutôt en train de les asphyxier en la réduisant davantage encore. Mais ce que peuvent faire les élus régionaux — et c'est là que j'emploie le terme « capitaliser » —, c'est montrer que ce qui est créé, c'est un capital humain*. Ce ne sont pas seulement des dépenses de fonctionnement, des coûts, mais la création d'un capital sur lequel ils auront un retour pendant des années, en matière de développement, de cohésion sociale, de mieux vivre et de réduction du chômage, et cela peut être érigé en programme politique. Ils peuvent par là exercer une pression plus grande et sur l'opinion, et sur les médias, donc sur les parlementaires et sur les entreprises et autres instances de leur territoire, notamment pour créer des pôles de coopération. Si, répondant à notre appel, ils ne se contentent plus de s'engager dans des opérations ponctuelles mais font de cette question un

* Note de C. Alphandéry : L'un d'entre eux, Michel Dinet, président du Conseil général de Meurthe-et-Moselle — qui par ailleurs ne cumule aucun autre mandat exécutif —, amorce un remarquable travail sur la constitution de capital humain à travers les activités du département dans l'aide à la petite enfance, au quatrième âge, etc.

Jean-Marc Borello, délégué général du Groupe SOS*, évoquait récemment la possibilité de créer une *joint venture* avec une entreprise du secteur lucratif qui, pour 50 %, redistribuerait ses dividendes à ses actionnaires, tandis que les 50 % du Groupe SOS seraient réinvestis dans son activité. Ce type de montage vous paraît-il dangereux ?

Cette question, tout à fait centrale, pose de vrais problèmes. J'ai assisté, au Salon des entrepreneurs, à une table ronde qui réunissait Muhammad Yunus, prix Nobel de la paix et inventeur du microcrédit, Franck Riboud, président de Danone, et Jean-Marc Borello. Au bout d'une heure, j'y ai pris la parole, car je trouvais que tous étaient dans une sorte d'euphorie qui semblait vouloir dire : « Il n'y a pas de problème. » Je leur ai dit que j'admirais et leur discours et leur action, mais, ai-je ajouté, « derrière vous, il y a un système cruel qu'il ne faut jamais oublier, qui impose la logique du plus grand profit ». Que peut-on penser de toutes les pratiques alimentaires et commerciales de Danone, dont le bilan social et écologique est, par maints aspects, exemplaire ? Je suis partisan d'alliances entre les entrepreneurs sociaux et le système capitaliste. Mais je pense qu'il faut être vigilant — et c'est une vigilance de tous les instants. Derrière ces coopérations, il ne faut pas oublier qu'il y a un système avec ses modes de financement, son idéologie, des habitudes de comportement qui font qu'on peut être piégé rapidement. C'est bien là, me semble-t-il, la position adoptée par le Mouvement des entrepreneurs sociaux**.

---

* Le Groupe SOS est constitué essentiellement d'associations (SOS Drogue international, SOS Habitat et Soins, SOS Insertion et Alternatives, Arcat, etc.) et d'entreprises d'insertion (Alter Mundi, L'Usine, La Compagnie du Commerce Équitable, etc.). Voir également *SOS contre toute attente*, entretien avec Jean-Marc Borello, éditions Rue de l'échiquier, 2009.

** Lancé en février 2010, le Mouvement des entrepreneurs sociaux (ou Mouves) « veut fédérer et représenter les entrepreneurs sociaux », dans la lignée du *Livre blanc pour développer l'entrepreneuriat social* (Avise, 2009). Source : wwww.mouves.org

Jean-Guy Henckel parle d'« entrisme » et considère qu'il est possible de faire changer les mentalités de Fleury-Michon, de Danone, en travaillant avec eux...

Mais lui-même ne cesse de répéter qu'il reste très vigilant. N'oublions pas que ce que fait Danone avec la Grameen Bank de Muhammad Yunus représente une goutte d'eau par rapport à son chiffre d'affaires ; pour le reste, le groupe Danone doit se battre contre des gens qui veulent le dominer voire l'absorber, comme Nestlé ou Unilever : il dépend de ses banquiers, de ses actionnaires, et appartient à un système.

Quand la DEEE concernant le recyclage des produits usagés électriques et électroniques a été adoptée, une grande entreprise multinationale a créé une entreprise d'insertion, Sita Rebond ; et, en tant qu'entreprise d'insertion, elle a demandé un financement à la SIFA, le fonds de financement de France Active*. Nous le lui avons accordé, mais cela pose problème, non pour des questions d'image — que Suez, par exemple, désire améliorer son image, cela ne nous gêne pas —, mais parce qu'on se demande s'il ne risque pas d'y avoir, à un moment ou à un autre, des effets de domination, de *dumping*, par exemple, qui mettent en difficulté les autres entreprises d'insertion de ce secteur.

Si on crée une entreprise mixte, en fait, elle ne sera pas mixte : ce sera une entreprise qui cherchera à générer le maximum de bénéfices et qui en donnera la moitié à ses actionnaires. Il y aura donc, au fond, deux collèges, qui recevront chacun un demi-profit : un collège d'actionnaires, d'une part, et un collège comme, par exemple, le Groupe SOS, d'autre part.

---

* « L'objectif de la SIFA est de renforcer les capitaux permanents des entreprises solidaires : associations et entreprises d'utilité sociale qui créent ou consolident des emplois par le développement d'activités économiques. Son intervention est destinée à financer les investissements et/ou le besoin en fonds de roulement liés au développement de l'entreprise. » Source : www.franceactive.org ; voir également *infra*, pages 101 à 114.

Je comprends que, pour progresser, il soit nécessaire de coopérer avec des groupes qui disposent de moyens technologiques et de capitaux. Mais il est indispensable, pour tout acteur de l'Économie sociale et solidaire qui se lance dans de telles associations, de veiller à chaque détail et de rester toujours sur ses gardes, tant le risque de récupération est grand. Et si ce risque est si grand, c'est parce que le modèle économique du profit est plus simple : il est purement quantitatif, alors que le modèle économique du Groupe SOS, par exemple, s'appuie sur des critères qualitatifs, plus difficiles à valoriser. On en revient ici à la question de la définition de l'Économie sociale et solidaire.

Votre réponse à cette question est très claire : « Les entreprises solidaires ne sont pas déterminées par le profit. »

Ma réponse est en fait plus complexe...

Outre la « non-lucrativité » figurent, parmi les points fondamentaux, un développement durable qui soit à la fois écologique et social, une gouvernance allant plus loin que le « un homme, une voix » de l'économie sociale traditionnelle. L'Économie sociale et solidaire, c'est une autre forme de dialogue social, de prise de décision, de rapport entre le centre et la périphérie, entre l'individu et la collectivité.

Ces principes restent très difficiles à lister noir sur blanc. On peut néanmoins être tenté de le faire pour légitimer leur rôle et les avantages qu'elles méritent d'en tirer. C'est ainsi que les avantages fiscaux, subventions ou contrats aidés accordés aux entreprises agréées au titre de l'épargne solidaire ont pour conditions la non-distribution des résultats et le plafonnement des salaires.

Faut-il introduire plus de souplesse ? C'est une question que j'aborde avec prudence. Elle renvoie au problème de l'identification de l'Économie sociale et solidaire. Existe-t-il un label, une définition générale ? Je crois plutôt à des réponses évolutives, adaptées à la nature des activités mais obéissant à des critères explicites, évaluables.

On peut craindre toutefois que cette absence de définition précise ne profite à ceux qui, derrière les buissons, guettent la possibilité de tirer des avantages abusifs. Pour rester sur ce sujet, pouvez-vous nous indiquer quelles sont les expériences qui, en matière d'Économie sociale et solidaire, vous semblent discutables ?

Les exemples vicieux, comme Natixis*, sont nombreux et trop connus pour que je m'y attarde. Toute initiative à caractère social et solidaire doit relever des défis internes et des défis externes, dont le premier est de remettre en question l'idéologie consuériste. Le défi interne, c'est que le modèle économique d'une entreprise sociale et solidaire est beaucoup plus subtil et complexe que celui d'une entreprise classique. Le modèle d'une entreprise classique est purement quantitatif : c'est son profit ; dans le cas d'une entreprise sociale et solidaire, en revanche, il est question d'un système qualitatif assez difficile à mettre en place.

Si le danger d'une entreprise classique est la démesure de son profit, le danger permanent de toute association, c'est la démesure de l'ego. Cette démesure de l'ego peut se traduire par une volonté de réussir à tout prix, et mieux que le voisin**. C'est là que la bonne

* Filiale commune des groupes Banque Populaire et Caisse d'Épargne, banques coopératives, Natixis est une banque d'affaires qui a investi sur le marché des *subprimes* aux États-Unis. La crise financière a entraîné une chute de son cours de bourse et une recapitalisation coûteuse.

** Note de C. Alphandéry : Richard Debauve, président de l'entreprise d'insertion Envie, est par exemple à la recherche d'un logiciel difficile et long à mettre au point. Il s'adresse donc à une entreprise d'insertion — non concurrente — qui connaît des problèmes du même ordre, pour lui proposer une démarche commune. Celle-ci refuse alors la coordination proposée : « Nous avons, sur ce point, de l'avance par rapport à vous et ne souhaitons pas la neutraliser. »

gouvernance, la prise en compte de toutes les parties prenantes, le dialogue social acquièrent toute leur importance.

Il y a, dans toute entreprise sociale, une grande difficulté à traiter convenablement les parties prenantes, et, au premier chef, les salariés — il est tentant, sous prétexte que l'on est une entreprise solidaire, de ne pas se soumettre au droit du travail : « nous sommes en dehors de l'exploitation et de l'aliénation, qu'on ne vienne pas nous embêter avec un droit du travail qui n'est pas à notre mesure », tel est, en substance, le discours que peuvent être tentés d'adopter des dirigeants. N'a-t-on pas récemment assisté à une grève du personnel d'Emmaüs ?

Impossible d'imaginer qu'il n'y ait pas de règles en la matière. Les défis internes passent par des règles et par des évaluations. En outre, il peut y avoir, entre deux initiatives solidaires, une concurrence à mort. La mutualisation n'est pas très développée à l'intérieur de l'insertion par l'activité économique. Avec la crise, des entreprises d'insertion se retrouvent parfois en concurrence pour obtenir l'aide des collectivités. Sans outils de mutualisation, on risque de retomber dans une situation de conflit qui est le contraire de l'économie solidaire.

Ce que vous décrivez là est un phénomène si humain qu'on peut se demander s'il est vraiment possible d'y échapper...

Il faut établir des règles de gouvernance et d'évaluation : des contre-pouvoirs effectifs, et des évaluations périodiques de ces contre-pouvoirs. Prenons un exemple : tout responsable d'une structure d'insertion par l'activité économique sait que, par définition, une structure sociale et solidaire est antidiscriminatoire. Or, quand on regarde de plus près, que l'on se penche sur les entreprises d'intérim, par exemple, on s'aperçoit que la discrimination perdure car manque la conviction de la vaincre. Si un employeur dit à une entreprise d'intérim : « je ne veux pas de

Blacks chez moi », la plupart du temps, soit l'entreprise d'intérim refuse de travailler avec lui (et alors, elle perd sa clientèle), soit elle se couche et fait embaucher un Blanc. À l'intérieur de l'Économie sociale et solidaire persistent ainsi des inégalités que les entrepreneurs ne peuvent éviter qu'à condition de respecter les règles avec une extrême vigilance.

Revenons au droit du travail. On entend certaines voix affirmer que les entreprises à but social ne devraient pas être soumises aux mêmes contraintes qu'une entreprise classique, parce qu'on y invente, justement, une nouvelle entreprise. Je pense à la réflexion de Pierre Duponchel sur les « corps intermédiaires » : il ne veut pas de comité d'entreprise au Relais, au motif qu'il s'agit d'une Scop*, soumise au principe de démocratie directe — « Un homme, une voix » — qui lui semble suffisant en termes de représentativité du « corps travaillant », voire supérieur à un comité d'entreprise qu'il considère comme artificiel. Que pensez-vous de ce genre de position ?**

Des exemples aussi fortement imprégnés d'humanisme que celui du Relais ou d'Emmaüs doivent toujours être sources d'inspiration. Mais, d'un autre côté, je comprends la réaction des syndicats, qui sont méfiants à l'égard de ce genre de pratiques. On s'est beaucoup battus pour qu'un droit du travail s'impose à tout le monde. Le bon usage ne me paraît pas suffire.

Tout comme on l'a fait pour les structures de l'insertion par l'activité économique, on peut toujours imaginer de donner un cadre

---

* Scop : originellement, Société coopérative ouvrière de production, devenu Société coopérative de production.

** Voir également *Le Relais envers et contre tout*, entretien avec Pierre Duponchel, éditions Rue de l'échiquier, 2009.

réglementaire spécifique à des entreprises de ce type — qui, au surplus, sont très différentes des entreprises d'insertion puisqu'elles gardent les gens : ce ne sont pas des sas. Il faudrait créer un statut nouveau, mais il est nécessaire que cela rentre dans le droit du travail et que cela soit fait en liaison avec les syndicats. Le but de ce statut serait soit de créer des conditions d'emploi pérennes dans les structures d'insertion, soit de faciliter le passage des salariés dans d'autres entreprises.

Pierre Duponchel revendique d'ailleurs la mise au point d'un statut nouveau : l'EBS, ou Entreprise à but social.

Lorsque j'étais président du Conseil national de l'insertion par l'activité économique, le ministère, à la demande de la CFDT, avait sollicité un audit du respect du droit social dans ce type d'entreprises : le Conseil national avait rendu un audit défavorable. De la même façon que les associations intermédiaires qui pratiquent le prêt de personnel se présentent différemment des entreprises d'intérim, il serait tout à fait normal que ce type d'entreprises se présente différemment des entreprises d'insertion. Mais à aucun moment cela ne signifie que le droit du travail, l'inspection du travail, la médecine du travail, pour lesquels on s'est battus, puissent être négligés. Le monde du travail s'est battu pour obtenir le respect d'un droit contre lequel le monde patronal, au contraire, tente d'imposer un libéralisme sans entraves ; certains principes sont intangibles, mais le droit du travail peut parfaitement inclure des formes spécifiques pour des entreprises qui font davantage de compagnonnage que des entreprises classiques.

Ce débat est permanent dans le monde de l'Économie sociale et solidaire : des associations posent des actes dont certains sont des négations ou des contournements de la loi, avec l'espoir de susciter de nouvelles lois davantage en conformité avec un certain

état de fait. Ainsi, Pierre Duponchel dit s'inscrire dans la continuité de l'abbé Pierre, qui remplaçait les permis de construire par des « permis de vivre ». De son côté, Jean-Marc Borello avait choisi de passer outre des consignes administratives du ministère de l'Intérieur qui lui interdisaient de s'occuper de certains toxicomanes. L'Économie sociale et solidaire est un milieu dans lequel on invente beaucoup, notamment en tordant la loi.

S'il faut accepter cette idée de tordre la loi, je crois qu'il faut que cela soit ensuite très rapidement formalisé au sein de la loi, sans quoi certains risquent de se servir de cette possibilité… de travers. Les intentions de Jean-Marc Borello sont évidemment bonnes, mais il ne faut à aucun prix qu'elles puissent être détournées par des dealers qui feraient n'importe quoi. Il est important de se pencher sur la question des rapports entre innovation et libertarisme : entre le refus des « bêtises de la loi », d'une bureaucratie qui ne verrait pas plus loin que le bout de son nez, et le danger de se prêter à des diversions de la part de gens qui n'agiraient pas dans un esprit éthique.

C'est un débat qu'il faut avoir. Car, à l'inverse, les syndicats, au premier rang desquels la CGT, ont longtemps eu un réflexe très négatif, consistant à soutenir que toutes ces dérogations au code du travail, qui avaient permis de faire exister des entreprises spécifiques d'insertion, tendaient à multiplier les emplois de deuxième zone et, du même coup, à recréer une armée de réserve du travail pesant sur la qualité des conditions de travail et des rémunérations. Il est vrai, aussi, que beaucoup d'entreprises d'insertion — de moins en moins, grâce à la déontologie des grands réseaux de l'insertion par l'activité économique — ont, pendant longtemps, pris des gens en difficulté, des « paumés » pas très capables de se défendre, ce qui les conduisait à négliger, par exemple, la qualité des installations sanitaires.

France Active est-elle vigilante sur ce plan ? Portez-vous une attention particulière au respect du code du travail de la part des entrepreneurs que vous soutenez ?

Cela fait partie des éléments que nous examinons lorsqu'un dossier passe au comité d'engagement, oui. Il faut faire attention : il n'y a pas de déviants que dans le monde capitaliste !

Les fameuses « associations de malfaiteurs » dont parle souvent Jean-Marc Borello !

Certains en profitent vraiment. Cela nous amène au problème de la labellisation. Pour ce qui est de France Active et des entreprises d'insertion, la labellisation est l'agrément par les pouvoirs publics puisque, par définition, est une structure d'insertion par l'activité économique — chantier, atelier, entreprise ou association, sous forme commerciale, éventuellement, ou de Scop — toute structure agréée par le préfet, sur avis du comité départemental d'insertion par l'activité économique. Ce label statutaire, à l'instar du label coopératif, par exemple, est le minimum de ce qu'on peut souhaiter.

L'État mène désormais une politique de conventionnement : d'un côté, il s'engage à certaines formes d'aide, et, de l'autre, l'entreprise est soumise à un certain nombre d'objectifs et de procédures d'évaluation. La plupart des responsables de réseaux du monde de l'insertion acceptent le principe de telles mesures, qui constituent aussi une façon de légitimer leur action. Sans de telles règles, au nom de quoi l'État ou une collectivité territoriale donnerait-il de l'argent, un bénévole travaillerait-il pour l'entreprise, et, du point de vue de sa propre gestion, comment l'entreprise se considérerait-elle, par rapport à d'autres entreprises ? Encore une fois, il y a là un problème de *bench marking*, d'évaluation des résultats.

Mais encore faut-il que les critères de labellisation ne soient pas, par exemple, le nombre d'emplois créés : se baser sur de tels critères est tentant, pour le gouvernement; mais de quels emplois parle-t-on alors? De quel type d'accompagnement s'agit-il? Et pour quel public? Si vous prenez des personnes handicapées, vous serez bien en peine de créer autant d'emplois que si vous embauchez des personnes valides. Donc, si vous êtes soumis à ce type d'objectifs, vous serez tenté de choisir, parmi les exclus que vous êtes habilité à prendre, les plus aptes. Un autre critère est la prise en compte de l'impact sur le développement local. Les enjeux de la labellisation sont donc très importants, tant du point de vue des entreprises d'insertion que de l'Économie sociale et solidaire en général.

Considérez-vous aujourd'hui que les critères de labellisation sont suffisamment exigeants?

Ces critères sont en train d'être élaborés avec les réseaux, plus à même de définir les problèmes qu'ils rencontrent — le CNEI, le COORACE*, les chantiers, etc. —, et les collectivités territoriales, qui en ont une bonne expérience.

La question que vous posez se pose aussi dans le commerce équitable ou bio: des chartes telles que la charte d'Aalborg sont-elles suffisantes? Ne crée-t-on pas, au Guatemala ou ailleurs, de nouveaux petits potentats? Les agriculteurs qui entrent dans les AMAP produisent-ils vraiment des aliments bio? Pour reprendre ce dernier exemple, d'ailleurs, les chartes contraignent moins les agriculteurs qu'elles ne les orientent vers une agriculture maîtrisée. Mais comment est-ce évalué, quelles sont les sanctions? Ces problèmes sont difficiles à résoudre. Il importe de faire sans cesse attention et aux objectifs, et à la qualité des indicateurs pour savoir si ces objectifs sont atteints ou pas. Il faut toujours, à la fois, être souple et veiller à un certain nombre de règles, sans lesquelles on tombe dans le n'importe-quoi.

---

* COORACE : Fédération d'entreprises de l'Économie sociale et solidaire, dont les adhérents sont principalement des structures de l'insertion par l'activité économique.

Un certain nombre d'initiatives de l'Économie sociale et solidaire ont, à la fois, constamment besoin des institutions et peur d'être instrumentalisées par ces institutions. S'il faut certes prendre garde à ne pas être instrumentalisé, tout ne se règle pas par la spontanéité. Face aux risques de dérive, un certain libertarisme refuse toute autorité et toute efficience, parce que ce sont des mots que l'économie libérale a salis. On est dans des tensions perpétuelles, aussi faut-il se méfier de tout manichéisme qui opposerait, par exemple, l'individu à la collectivité, ou l'inverse. C'est parce que l'autorité n'est pas suffisamment sous tension, sous vigilance, qu'on finit par la rejeter complètement : par peur d'être instrumentalisé, on aboutit à l'inefficience ; c'est là le défi permanent de l'Économie sociale et solidaire. C'est aussi sa complexité !

Plus largement, sur un plan sociologique et politique, n'y a-t-il pas une opposition trop forte entre les valeurs de l'Économie sociale et solidaire — refus de mettre le profit en avant, solidarité, soutien aux plus faibles — et la montée des égoïsmes ? Face à une société qui se communautarise et ne jure souvent que par l'argent, l'Économie sociale et solidaire, parée de ses belles valeurs, a-t-elle les moyens d'inventer quelque chose de différent ?

Le problème capital, pour la plupart des gens, est de se sortir de leurs difficultés. Quelles que soient notre volonté de donner du sens et nos valeurs, la priorité pour les jeunes est de sortir de banlieues dans lesquelles le désœuvrement est inacceptable, pour accéder à l'emploi, à la culture, à l'enseignement — quand, du moins, ne s'est pas imposée à eux l'idée que l'enseignement ne leur apporte rien. Or l'Économie sociale et solidaire, ce sont surtout des initiatives très ponctuelles, sur le terrain, visant à répondre aux malaises dans cette société et aux dégâts qu'elle peut causer : c'est vrai par rapport aux personnes âgées et au problème des maisons de retraite ; c'est vrai pour la petite enfance ; c'est vrai aussi pour les jeunes, avec ce que réalisent des organisations comme les

Petits Débrouillards* ou les MRJC**. Très prosaïquement, une série d'initiatives vise à apprendre aux gens à organiser une fête sans se taper dessus, à se réunir et à discuter, à trouver un logement ou un stage — bref, à donner une réponse qui ne soit pas, uniquement, la paralysie ou le conflit. La société éclatée, et l'absence de contrat social qui la caractérise, est une société de guerre. Cette société est marquée par un repli des individus sur eux-mêmes, et par le fait qu'ils s'allient non plus pour tâcher de vivre mieux ensemble, mais aux dépens les uns des autres. L'Économie sociale et solidaire est une réponse à cette dislocation sociale, aux risques de guerre civile et à l'autoritarisme qui l'accompagne.

Sans doute doit-elle aller plus loin : inventer des mécanismes qui répondent aussi à la complexité de notre environnement, sortir des catégories fragmentées dans lesquelles chacun se sent enfermé.

Suite à la présentation de votre rapport sur l'insertion par l'activité économique au gouvernement de Michel Rocard, en 1990, vous avez été le premier président du Conseil national de l'insertion par l'activité économique (CNIAE), de 1991 à 2009. Comment cela s'est-il passé ?

À la fin des années 1980, l'insertion par l'activité économique restait d'ordre expérimental : on comptait quelques centaines d'entreprises d'insertion et d'associations intermédiaires, quelques dizaines de régies de quartier. Après la création du RMI*** en 1988, Michel Rocard prend conscience que le « i » de l' « insertion », dont la mise en œuvre était confiée aux départements, n'était pas une mince affaire. Le hasard a voulu qu'à Pâques 1990, nous nous sommes trouvés bloqués une demi-heure en raison d'une panne de télésiège, lui-même, Jean-Pierre Soisson, alors

* Réseau d'associations dont le but est de favoriser l'éducation populaire.

** Mouvement rural de la jeunesse chrétienne.

*** Le Revenu minimum d'insertion a été créé par le gouvernement de Michel Rocard en 1988.

ministre du Travail, et moi… Une occasion unique de leur expliquer tout ce que l'on pouvait tirer, en matière d'accompagnement et de formation, de ces entreprises que je venais de découvrir. Rocard m'a demandé un rapport, d'où sont sortis des dispositifs législatifs et réglementaires, ainsi que ce Conseil national qu'il m'a proposé de présider.

Ce devait être un lieu de concertation entre le gouvernement et les autres acteurs publics et privés sur les textes, leur mise en œuvre, leur évaluation, mais aussi un lieu d'échanges entre tous les acteurs. Il y aurait beaucoup à dire sur les difficultés de la concertation — s'agissant des gouvernements de gauche et de droite — et sur les conflits entre acteurs qui limitaient souvent le dialogue. Il reste que malgré des allers et retours et des tensions répétées, l'insertion par l'activité économique a progressé, s'est diversifiée, s'est installée dans le paysage comme un secteur incontournable. On le doit pour l'essentiel à l'énergie, à l'audace, à la ténacité, à la professionnalisation de ces acteurs de la société civile qui ont su mener à bien leurs initiatives. Il me semble qu'ils ont trouvé dans le CNIAE une volonté de cohérence et un facteur de reconnaissance qui les ont beaucoup aidés.

« Nous jouons un rôle d'irrigation »

France Active est créée en 1988*. En quoi votre expérience de banquier vous a-t-elle été utile pour développer l'activité de ce « réseau de finance solidaire au service de l'emploi » ?

Quand on m'a confié la présidence de France Active, en 1990, il s'agissait essentiellement de financer la création d'emplois pour les chômeurs. L'idée fondamentale étant que tout chômeur était « employable » et qu'on pouvait, si on trouvait les moyens techniques et financiers de les aider, donner un accès à l'emploi à ceux qui n'en avaient pas, soit en créant leur propre emploi — sous forme de micro-entreprise —, soit en créant ou en développant des structures d'insertion par l'activité économique. Pour ce faire, la méthode habituelle, que j'ai récusée, était de collecter de l'argent et de proposer des prêts d'honneur, c'est-à-dire une forme de don, que les gens n'ont, généralement, pas le sentiment de devoir rembourser. L'idée que j'ai eue, c'est que, s'ils voulaient vraiment s'insérer dans la vie économique et trouver des emplois pérennes,

---

* À l'initiative de la Caisse des dépôts et consignations, de la Fondation de France, du Crédit Coopératif, de la Macif et de l'Agence nationale pour la création d'entreprise. Voir également : Claude Alphandéry, *De la galère à l'entreprise : pour de nouvelles formes de financement solidaire, l'expérience de France Active*, Paris, C.L. Mayer, 2002.

ils auraient, un jour ou l'autre, besoin d'un banquier : on ne développe pas d'activité sans avoir ni besoins de trésorerie ni besoins d'investissements. Or les banquiers n'étaient pas pressés de prêter à une clientèle qu'ils connaissaient mal, qui n'entrait pas dans leur réseau de relations et n'offrait pas de garanties. Il s'agissait de petits crédits dont l'instruction et le suivi s'annonçaient démesurés par rapport aux intérêts qu'on pouvait en tirer.

À tout cela s'ajoutait que les gens qui souhaitaient créer ou développer des entreprises solidaires, n'ayant pas l'habitude des banquiers, hésitaient à mettre un costume et une cravate pour aller en consulter un, ou se retrouvaient complètement incapables de construire un dossier. Généralement issus de milieux populaires, travailleurs sociaux pour la plupart, ils n'avaient ni capitaux ni relations commerciales — ils n'appartenaient ni au Lion's ni au Rotary ! —, et n'étaient pas très calés en comptabilité.

Nous avons pensé qu'il était nécessaire d'établir des liens entre ces deux mondes qui s'ignoraient, pour répondre aux besoins des uns et des autres. Le fait d'avoir été banquier moi-même m'a permis d'y répondre de façon concrète, en connaissant non seulement les difficultés auxquelles étaient confrontés ces créateurs d'entreprise, mais aussi les réticences des banquiers. En discutant avec ceux que je connaissais, du Crédit Mutuel, du Crédit Coopératif, des Caisses d'Épargne, j'ai tâché de mesurer jusqu'où allaient ces réticences. J'ai compris qu'il fallait non seulement limiter leur risque financier — non pas l'annuler, mais le limiter, de 50 % à 30 %, selon les cas —, mais aussi instruire le dossier pour eux. Pourquoi ? Il s'agissait, par définition, de petits prêts*. Quand on prête à une grosse entreprise, les frais d'instruction se rapportent à des centaines de millions d'euros. Or ces frais d'instruction sont pratiquement les mêmes pour un prêt de 30 000 euros — ils sont

---

* Note de C. Alphandéry : Le microcrédit était méconnu à l'époque, et j'inventais, sans le savoir, le microcrédit bancaire garanti.

même encore plus lourds, dans la mesure où ce sont des crédits inhabituels, nécessitant un suivi plus difficile. Il fallait donc non seulement donner une garantie aux banques, mais aussi leur permettre d'externaliser l'instruction du dossier, qui, dans le cas d'entreprises solidaires, excédait leur rôle. Nous, au contraire, pouvions remplir cette fonction parce que nous bénéficiions de la solidarité nationale — de la Caisse des dépôts aux collectivités territoriales.

Le fait que nous ne prêtions pas directement — c'est la banque qui prête — mais que nous apportions une garantie signifie que nous ne déboursons rien. Nous devons provisionner le risque de voir jouer notre garantie, mais il n'est pas nécessaire que nous ayons tous les fonds au départ. Mon raisonnement était celui d'un banquier : j'avais admis l'hypothèse selon laquelle, si on suivait bien l'entreprise, il n'y aurait pas plus de 1 sinistre sur 3 au bout de cinq ans. Il suffisait donc de posséder 100 pour garantir 3 prêts de 100, puisque selon mon hypothèse, seul l'un des trois prêts devrait effectivement mobiliser la garantie. Or si je ne garantis les prêts qu'à hauteur de 50 %, la banque prête 200 pour chacun d'eux ; donc avec mes 100 de départ, je peux mobiliser 600 de prêts bancaires. On a déjà multiplié la somme par 6. Et cette « mise de départ », je ne suis pas seul à la fournir : la Caisse des dépôts et les collectivités territoriales en apportent généralement la moitié. Ce qui signifie que les collectivités territoriales, avec 50, permettent de mobiliser 600, soit un effet levier de l'ordre de 12. Il y a un effet multiplicateur tout à fait considérable : c'est ce qui permet à France Active, en mobilisant des sommes limitées, de créer un système de prêt bancaire permettant de financer soit des micro-entrepreneurs, soit des entreprises solidaires créatrices d'emplois — un montant de l'ordre de 40 millions d'euros annuels, mobilisant près de 90 millions d'euros de concours bancaires.

Nous nous sommes rapidement dit que nous ne pouvions pas tout centraliser à Paris mais qu'il était nécessaire de créer des fonds territoriaux, au niveau de la région ou du département, avec l'aide de collectivités territoriales qu'il nous incombait de convaincre de l'intérêt de créer des emplois de ce genre. Nous étions à un moment où la mise en place par Michel Rocard du RMI imposait à ces dernières des dépenses d'insertion tout à fait considérables. Il était donc important pour ces collectivités d'avoir, sur leur territoire, des entreprises susceptibles d'assurer cette insertion, et elles ont accepté de participer. L'expérience une fois lancée, nous nous sommes rendu compte que cela marchait bien, que les risques étaient très inférieurs au tiers initialement prévu et ne dépassaient finalement pas 20 %, grâce, essentiellement, au suivi et à l'intérêt des collectivités locales : après cinq ans, 80 % des entreprises créées, non seulement existaient encore, mais avaient créé de nouveaux emplois.

Ce constat en amenait un autre : ces entreprises ne pourraient pas vivre éternellement de crédits, il fallait leur apporter des fonds propres. Or, pour créer une activité de fonds propres, il faut des ressources : si les garanties de prêt étaient telles qu'il suffisait d'assez peu d'argent pour mobiliser des prêts importants, en revanche, quand il s'agit d'apports, des sommes beaucoup plus importantes sont nécessaires. Autour de France Active et sous l'impulsion d'Edmond Maire s'est ainsi développée la SIFA, Société d'investissement de France Active, qui ne prête pas mais investit en fonds propres. À partir de cette technique financière connue qu'est le fonds commun de placement, la SIFA crée des modèles économiques nouveaux. La Caisse des dépôts a été le premier souscripteur de cet établissement qui compte aujourd'hui une quinzaine de sociétés du CAC 40 parmi ses actionnaires, aux côtés de grands acteurs mutualistes tels que AG2R, la Macif, Médéric ou la MAIF*.

* Note de C. Alphandéry : Au démarrage, je me suis beaucoup appuyé sur la Caisse des dépôts, la Caisse d'Épargne, et sur les gestionnaires de fonds, tel Fongepar, dans la mouvance de la Caisse des dépôts. Jusqu'à l'arrivée d'Edmond Maire, le premier Fonds commun pour l'insertion et l'emploi (FCIE) comptait essentiellement des acteurs du secteur public ou coopératif.

Le principe était le suivant : « si vous investissez, vous ne perdrez pas votre capital, mais nous vous le rendrons en valeur nominale » ; les sommes investies peuvent être récupérées sans perte, mais sans intérêts. Ce qui signifie que notre modèle économique consiste à ne jamais investir plus de la moitié de notre capital : nos ratios, beaucoup plus sévères que ceux des banques traditionnelles, sont de l'ordre de 50 %, les 50 % restant sur le marché pour « produire » de l'argent.

De la même façon, nous avons créé des fonds communs de placement solidaire. Le principe est simple : les investisseurs qui choisissent de placer leur argent sur des produits financiers solidaires acceptent qu'une partie de l'épargne collectée soit investie au bénéfice d'entreprises ou d'associations qui permettent à des personnes en difficulté de retrouver un emploi. Il s'agit de produits financiers comme il en existe des centaines, dans lesquels les épargnants placent leur argent, mais où la règle est que seuls 90 % doivent être placés en actions ou obligations totalement liquides, c'est-à-dire négociables jour par jour sur le marché, les 10 % restant étant investis, par l'intermédiaire de France Active, dans l'Économie sociale et solidaire. C'est pourquoi on parle communément de « fonds 90/10 ». Comme dans un fonds commun de placement classique, 90 % sont placés sur le marché, et leur rendement est lié aux pertes et profits de celui-ci ; les 10 % restant sont placés dans des entreprises non lucratives créant des emplois pour les personnes en difficulté, et restitués à l'épargnant à leur valeur nominale.

Une autre ressource financière importante et innovante provient de l'épargne salariale solidaire. En effet, de nombreuses entreprises versent des sommes énormes dans le cadre de l'intéressement et de la participation, et proposent à leurs salariés des plans d'épargne salariale ou plans d'épargne entreprise (PEE). Grâce à un travail militant de France Active, depuis le 1er janvier 2010, la loi oblige les entreprises de plus de 50 salariés à proposer un fonds de placement solidaire dans le cadre de ces plans d'épargne salariale.

Quoique les gens ne soient en rien contraints d'y souscrire, ces fonds connaissent une croissance exceptionnelle, et de plus en plus d'argent nous vient de ce côté-là. Notre prochain combat est de convertir l'assurance-vie et les fonds de retraite aux investissements solidaires. Edmond Maire, président de la SIFA, est ainsi devenu un financier d'une rare maîtrise ! Grâce, notamment, à sa ténacité, nous sommes parvenus à un capital qui s'élève, début 2011, à 74 millions d'euros — en l'ayant lancée, en 1995, avec 5 millions de francs (soit environ 760 000 euros).

Ces principes étant posés, quel bilan peut-on dresser de l'action de France Active ?

Les principes sont fondamentaux. Encore faut-il les mettre en œuvre ! Ils l'ont été, après ma semi-retraite, par un président exceptionnel, Christian Sautter, secondé par un directeur hors pair, Jacques Pierre. Tous deux ont su élargir et renforcer le réseau de quarante fonds territoriaux, bien inscrits dans leur environnement, fortement liés aux élus, aux administrations, aux banquiers, aux entrepreneurs et à la population locale ; ces fonds gardent néanmoins une très forte cohésion grâce à la présence de la tête de réseau. Ils ont également compris et fait comprendre à leurs salariés et bénévoles que France Active ne peut se satisfaire d'être un outil financier pour aider à la création d'emplois et à l'insertion des personnes en difficulté : elle contribue simultanément à la satisfaction des besoins de proximité, à l'innovation sociale, à l'anticipation de nouvelles formes de développement. Ce qui l'inscrit par là même dans l'Économie sociale et solidaire.

Encore faut-il trouver des activités solidaires à financer. Comment y parvient France Active ?

On ne peut en effet mobiliser des financements solidaires qu'à la condition de monter des prêts fiables économiquement et socialement, par un système très particulier d'instruction des prêts et de suivi des entreprises. On entre là dans un processus d'évaluation qui est double — économique et sociale. Économique, parce que nous ne voulons pas que les entreprises fassent faillite : nous leur attribuons une note, en établissant un *scoring*, au départ, que nous réévaluons chaque année ; et il y a aussi un référentiel social, pour savoir si nos interventions financières sont socialement bien orientées. Un tel système repose, en outre, sur une multiplicité d'acteurs : l'épargne solidaire, les grandes entreprises qui font du mécénat, et l'État, ou les collectivités territoriales, voire l'Europe, qui nous aident à un fonctionnement que les banques ne pourraient pas supporter, tant ces petits prêts exigent un suivi très rigoureux.

Mais on voit bien, aussi, que ces exemples restent microéconomiques. Quand je parle d'un capital de 74 millions d'euros, c'est à la fois énorme et dérisoire, à côté du capital de BNP-Paribas. Quand je dis que, grâce à cela, nous arrivons à créer 20 000 emplois par an, c'est beaucoup, mais cela n'est pas du tout à la mesure des 4 millions de personnes au chômage ou dans la précarité. Le problème est donc de réussir à savoir quelle peut être l'influence de ce microéconomique sur le macroéconomique. Je pense que nous introduisons des méthodes qui, petit à petit, peuvent intéresser les banques et les convaincre qu'il y a là une clientèle dont, d'une façon ou d'une autre, elles devront bien finir par s'occuper. Ce qui nous conduit d'ailleurs, au sein du « Labo ESS », à étudier des lois telles que le CRA américain, qui induit les banques à prêter ou investir sur place une part importante des dépôts obtenus sur leur propre territoire. Contrairement à la France, où tout est très centralisé, aux États-Unis, on compte des dizaines de milliers de petites banques qui sont ainsi amenées à réinvestir là où elles trouvent leurs ressources.

Dans quels pourcentages ?

Dans des pourcentages variables, qui ne sont pas des quotas. Le système, transparent, oblige les banques à déclarer ce qu'elles prêtent et à qui. En même temps qu'une certaine notoriété, cette publication leur assure des malus et des bonus leur ouvrant des capacités d'escompte à meilleurs taux — l'escompte étant la possibilité, pour une banque qui a fait des crédits, de se financer auprès d'autres institutions, et notamment, au final, à la Federal Reserve Bank. Cette capacité d'escompte varie en fonction de l'emploi qui est fait — sur place ou non — des fonds dont elles disposent.

Dans le discours de remerciement prononcé lorsque vous avez été fait grand officier de la Légion d'honneur, en 2001, vous avez déclaré à propos de France Active : « Nous mettons au service des entreprises les meilleures techniques du capitalisme. »

Au service, non seulement des entreprises, mais aussi des particuliers. L'idée principale de France Active est que chacun a droit à un emploi, que nul n'est inemployable, et que la société a le devoir constitutionnel d'assurer à chacun ce droit. Il existe pour cela deux moyens. L'un est d'aider les gens à créer leur propre emploi : c'est la micro-entreprise, qu'il faut développer, mais qui peut entraîner beaucoup de déceptions. Tout le monde n'est pas capable d'être un entrepreneur et de gagner ainsi sa vie de façon pérenne.

Vous ne croyez pas, comme Maria Nowak, fondatrice et présidente de l'Adie*, que toutes les personnes en difficulté sont des entrepreneurs potentiels ?

Non. Je crois qu'une fraction minoritaire a l'esprit d'entreprise, le goût de l'initiative et de la responsabilité, tandis que la très grande majorité des gens a le souhait de trouver un emploi, d'y faire son travail aussi bien que possible, mais sans en assumer

---

* Créée en 1988 par Maria Nowak, l'Association pour le droit à l'initiative économique aide les personnes exclues du système bancaire à créer leur propre entreprise. Voir également *Le Microcrédit ou le pari de l'homme*, entretien avec Maria Nowak, éditions Rue de l'échiquier, 2009.

les responsabilités financières ou administratives. C'est pourquoi je crois qu'il faut multiplier les entreprises collectives qui créent des emplois. Outre son importante activité de microcrédit individuel, France Active est le seul établissement financier mobilisant 90 millions d'euros annuels de crédits bancaires sur garantie, et apportant quelque 40 millions d'euros de fonds propres aux entreprises et associations porteuses d'emplois.

Ainsi, vous ne partagez pas ce postulat que chacun de nous aurait le désir de créer son emploi pour s'épanouir professionnellement ?

Non seulement je n'y crois pas sur le plan de la psychologie des individus, mais je crois que, du point de vue économique, c'est même le contraire de la coopération nécessaire pour développer convenablement une économie. Individuellement, on crée difficilement les biens collectifs nécessaires. Cela ne veut pas dire que l'invention individuelle n'est pas nécessaire, mais qu'elle doit se développer sur une base coopérative. C'est l'histoire du monde que d'avoir essayé de travailler ensemble. Il est indispensable de créer des entreprises qui créent des emplois…

À l'époque de grande mutation de l'économie que nous vivons, énormément de gens sont exclus du marché du travail et/ou ne sont pas jugés assez performants, que ce soit pour des raisons personnelles — ils sont handicapés physiques, psychiques — ou de circonstances — ils vivent dans telle ou telle région dans laquelle on ferme des usines, qui traverse une période de crise et où l'emploi se resserre. Les délocalisations, l'évolution de plus en plus rapide des technologies entraînent, de plus en plus et d'une façon permanente, l'exclusion du marché du travail d'un lot de gens qui ne vont pas assez vite, ou à qui on ne donne pas les moyens d'aller assez vite : ceux dont on dit, à chaque période de récession, qu'ils « trinquent ». Il faut s'occuper de ces personnes. Il ne faut pas se contenter de les assister, mais les faire rentrer dans la société. Les laisser au chômage, c'est, sinon les priver de revenus, les priver de place dans la société en leur enlevant leur dignité, qui passe par la sociabilité. Car la plupart du temps, la sociabilité est très liée à l'activité professionnelle : les repas partagés entre collègues, les différents services qu'on se rend les uns aux autres…

Je crois donc en effet que certaines entreprises peuvent mettre l'accent sur la façon d'accompagner des gens moins performants vers la capacité — l'*empowerment* — de trouver du travail. Par définition, les entreprises qui emploient des gens moins productifs au départ ont un handicap par rapport aux autres entreprises. Comme les autres entreprises, elles vendent leurs produits, mais elles proposent aussi de la formation, de l'accompagnement : autant de prestations qui n'ont pas de prix sur le marché. Leur statut est particulier, dans la mesure où elles ont des ressources hybrides : elles sont sur le marché, mais bénéficient généralement de l'aide des collectivités territoriales, de l'État, ou encore du bénévolat. Cependant, dans la mesure où elles sont sur le marché, elles ont besoin de services bancaires : l'État comme leurs clients paient à deux, trois, voire six mois ; elles connaissent des retards de paiement. Ces entreprises ont donc besoin d'une banque pour assurer leur trésorerie ou pour investir.

Vous soulignez l'effet dynamique, au sein d'un territoire, de ces entreprises, auxquelles les collectivités locales ont donc intérêt de passer des commandes. Le suivi de France Active va-t-il jusqu'à faire pression sur ces collectivités pour que des marchés leur soient confiés ? Peut-on parler d'un lobbying de France Active ?

Non, ce n'est pas exactement comme ça que ça se passe.

Au comité d'engagement d'un fonds territorial participent les principales banques — généralement, les banques coopératives

— ainsi que les représentants des collectivités territoriales : de fait, les unes comme les autres savent quelles entreprises bénéficient du soutien de France Active. Mais cela ne suffit pas, car les habitudes n'évoluent que très lentement, les bureaucraties sont très lourdes.

Cela nous ramène au problème de l'Économie sociale et solidaire en général : des entreprises de ce genre ne peuvent se développer qu'avec l'aide d'incubateurs — qui, chez France Active, prennent la forme de « fonds de confiance* ». D'autre part, il est nécessaire qu'en cas de succès, il y ait des duplications pour qu'on se rende compte que certaines filières sont valables. Par exemple, dans les années 1990 sont nées, autour d'Envie, de nombreuses entreprises de recyclage des produits ménagers.

Grâce à France Active, les régions et départements ont compris combien il est important qu'ils s'intéressent à une économie de développement local qui soit en même temps une économie solidaire, qui crée de l'emploi, de la richesse, et couvre des besoins de proximité souvent ignorés par l'économie capitaliste parce qu'ils ne sont pas assez rentables. Je parlais tout à l'heure de gens rejetés sous prétexte qu'ils ne sont pas assez performants, c'est-à-dire productifs. Il y a encore vingt ans, lorsque nous avons créé France Active, tout cela n'intéressait ni les départements, ni les régions, qui pourtant ont un rôle de développement économique. À un moment historique du capitalisme — celui de la création du capitalisme financier, de la mondialisation, de la délocalisation —, le fait que ces entreprises aient fait leurs preuves a contribué au développement de toute une série d'initiatives allant dans le sens de la création d'emplois pour des gens en difficulté, mais aussi de biens collectifs ignorés par le capitalisme car trop peu

---

* Note de C. Alphandéry : Le fonds de confiance prend en charge, pendant neuf mois, jusqu'à 70 % des frais liés aux « études-action » visant à la création d'une nouvelle entreprise solidaire. Ce dispositif permet de créer les conditions (investissements, clientèle, main-d'œuvre) d'un lancement réussi.

rentables. On voit donc bien qu'autour du cœur de métier de France Active se développe toute une activité solidaire qui intéresse les collectivités territoriales. Cette activité constitue même un facteur de résistance à la crise, car elle produit des biens de proximité qui n'appartiennent pas au grand maelström mondialisé dans lequel les entreprises doivent être délocalisées pour rester compétitives.

Ce faisant, nous jouons un rôle d'irrigation. Les gens présents dans nos comités d'engagement commencent à adopter, vis-à-vis de leur propre clientèle, une autre attitude. Les critères que nous mettons au point, petit à petit, pour évaluer un dossier, sont des critères comptables, mais nous utilisons aussi des éléments du bilan social, liés à la personnalité du créateur d'entreprise et à son entourage. C'est pourquoi je pense que, dans la progression des agences de notation, nos techniques jouent également un rôle de développement du bilan social : c'est en ce sens que l'Économie sociale et solidaire ne doit pas être repliée sur elle-même, mais est appelée à exercer une influence sur les autres entreprises, sur les collectivités territoriales et sur l'État.

Vous disiez qu'à l'origine, le cœur de votre activité était l'aide à la création de micro-entreprises par des personnes en difficulté, d'une part, et le soutien aux entreprises d'insertion, d'autre part. L'une de ces deux activités va-t-elle prendre le pas sur l'autre ?

Nous restons attachés aux deux formes, car si nous considérons que tout le monde n'a pas vocation à devenir entrepreneur, nous avons la conviction que personne n'est inemployable. En matière de création d'entreprise, nous ne sommes ni les seuls ni la référence. L'Adie, dont c'est la seule activité, s'intéresse principalement à de très petits prêts — de 3000 à 5000 euros ; notre moyenne, sur les prêts individuels, est de 26000 euros. Elle est évidemment plus haute sur les prêts aux entreprises collectives.

France Active ne prête pas directement de l'argent : vous proposez une garantie bancaire.

Contrairement à l'Adie, en effet, nous recourons systématiquement au crédit bancaire. Il faut ajouter que les taux pratiqués par les banques bénéficiant de notre garantie ne dépassent pas 5 %, dans 80 % des cas. Les prêts directs de l'Adie sont considérablement plus chers.

En termes de nombre de prêts, nous sommes assez loin derrière l'Adie, mais en termes de montant total, nous en mobilisons près du double. Cela signifie que France Active permet l'injection de plus de 70 millions d'euros par les banques en faveur de la création de micro-entreprises, qui ne verraient pas le jour sans nous, quand l'Adie prête directement de l'ordre de 40 millions d'euros.

Si la plupart des structures que nous aidons sont de petites entreprises, certaines deviennent bien plus importantes : le Groupe SOS ou Vitamine T comptent environ 3 000 salariés, le réseau Id'ees ou Envie représentent 1 200 à 1 500 emplois à plein temps, et plusieurs dizaines de groupes ont dépassé les 200 emplois.

Outre ces PME, nous nous intéressons de plus en plus à des ensembliers, des groupes coopératifs d'entreprises qui sont, les unes, des entreprises d'insertion, les autres, des associations intermédiaires ou des chantiers d'insertion, qui parfois s'allient à de très petites entreprises entièrement commerciales et non conventionnées. De façon générale, c'est l'intérêt des micro-entreprises que de se réunir. Prenons le cas des AMAP : en réunissant tous les citoyens qui sont leurs coopérants, les associations peuvent créer un fonds qui vient se garantir auprès de nous et permet aux agriculteurs de faire des investissements et de se convertir au bio, par exemple. On peut encore songer aux entreprises qui se mutualisent pour pouvoir entrer sur le marché de l'écoconstruction.

Vous agissez donc dans le sens d'un soutien à la mutualisation.

Oui, le soutien à la mutualisation, aux Scop — quand il y a une reprise de l'entreprise par les salariés —, entre tout à fait dans l'Économie sociale et solidaire, dans la mesure où on préserve des emplois et où on devient une force de développement dans une région.

Dès que l'on cherche à développer une filière de consommation responsable — de covoiturage, par exemple —, très rapidement, les investissements dépassent le million d'euros. Nous devons donc, chez France Active, revisiter les techniques de garantie et de ressources que nous avons mises au point sur des crédits moyens de 26 000 euros pour les entreprises individuelles, et 48 000 euros quand ce sont des entreprises collectives. Avec Edmond Maire et Hugues Sibille*, j'ai beaucoup bataillé pour que l'on obtienne au moins 100 millions d'euros sur le Grand Emprunt**, par exemple. La question de savoir comment nous les utiliserons nous ramène à des techniques plus ou moins sophistiquées, mais qui, toujours, restent ancrées dans la réalité du développement, sans jamais tomber dans la spéculation.

---

* Hugues Sibille est le président de l'Avise, l'Agence pour la valorisation des initiatives socio-économiques ; www.avise.org

** Initié par le gouvernement français en juin 2009 afin de financer des « investissements stratégiques » et adopté en mars 2010 par le Parlement, le Grand Emprunt, ou « emprunt Sarkozy », doit permettre de financer un programme d'investissements dits d'avenir, pour un montant total de 35 milliards d'euros. Un fonds de 100 millions d'euros sera consacré à l'entrepreneuriat social et solidaire.

« J'essaie de tirer un fil, mais personne ne se conduit ni ne se construit de façon toujours rationnelle »

Edgar Morin explique que « la crise actuelle, partout présente, peut réveiller les forces de la métamorphose* ». Et que la qualité principale nécessaire à cette métamorphose est la « reliance », cette capacité à assembler des expériences et des savoirs multiples, mais aussi « à développer les germes de fraternité présents en chacun ». En seriez-vous une incarnation ?

Je suis très attaché à Edgar Morin et à cette idée de « reliance ». Mais je dois admettre que j'ai aussi eu besoin, pour faire le lien entre toutes mes contradictions, du grand voyage intérieur qu'a représenté ma psychanalyse : on s'exprime dans sa relation aux autres, mais il faut tout de même, au préalable, réussir à faire le point sur ce qu'on est — sur le sens que l'on choisit de donner à sa vie.

Si je m'engage, je suis aussi, très souvent, dans la rupture. La première m'a séparé de mon milieu quand je suis entré dans la Résistance : je me suis brusquement trouvé complètement détaché de ma famille, contraint, même, d'observer un certain nombre de règles de prudence afin de ne pas lui faire courir de dangers.

---

* Edgar Morin, *L'Éthique*, tome VI de *La Méthode*, Le Seuil, 2004.

Nous ne pouvions communiquer que par des lettres extraordinairement codées*.

Plus forte encore a été la séparation due à mon adhésion au Parti communiste. Puis très lourde ma rupture avec celui-ci. Et d'autres tournants brusques ont profilé ma vie : entrer dans une banque, rejoindre le Parti socialiste, le délaisser pour l'engagement associatif…

À quelle époque survient votre psychanalyse, et dans quelle dynamique personnelle ?

Cela s'est passé en deux tranches.

Une première alors que j'étais communiste, avec Serge Lebovici, qui était en rupture de ban suite à l'épisode de *La Nouvelle Critique* et de son autocritique, mais qui avait la même culture que la mienne. Mon épouse était psychanalyste et, à cette époque, je sentais qu'il y avait un travail intérieur à faire qui pouvait être important. Une autre cause en est sans doute le malaise que je commençais à éprouver à l'intérieur du Parti communiste. La sortie du Parti a été une longue traversée que cette première tranche de psychanalyse a aidée. La continuer aurait pu faciliter le processus de deuil. Mais curieusement, je l'ai interrompue quand j'ai quitté le Parti. Me suis-je dit que j'étais assez fort pour ne pas avoir besoin de béquille ? Je peux difficilement le dire aujourd'hui.

Je suis revenu à la psychanalyse à mon retour des États-Unis, car c'était tout de même une sacrée décision que de rentrer, et dans

---

* Note de C. Alphandéry : J'ai fait une seule fois exception à cette règle de prudence : je suis allé voir ma mère… et j'ai été suivi. Heureusement, je suis reparti à 5 heures du matin ; j'ai croisé, sur la route, des Citroën dont j'ai craint que ce ne soient celles de la Gestapo ; c'était en fait la milice qui, sans doute informée de ma visite, était venue me chercher. Ils ont embarqué ma mère et mes grands-parents, les ont dépouillés complètement de ce qu'ils avaient puis les ont libérés, le soir même.

le secteur privé, et dans le giron familial — dans un groupe familial —, et de m'y déployer complètement. J'avais besoin de mettre de l'ordre dans mes idées, tant par rapport à moi-même que par rapport à mes relations familiales.

La première tranche d'analyse avait duré un an, la seconde, presque quatre.

Que vous a appris la psychanalyse ?

Elle m'a notamment aidé à identifier ce que m'avait donné ma mère, mon absence de paranoïa, une inaptitude à dramatiser les situations, une confiance dans les autres, qui, en contrepartie, m'ont sans doute rendu plus accessible à la manipulation. Quel que soit le bon souvenir que je garde de mes dix ans au Parti communiste, quel que soit l'enseignement que j'ai pu en tirer et l'absence de regret, je trouve étonnant, aujourd'hui, d'avoir pu avaler tant de couleuvres. Par exemple, j'ai vraiment accepté, à la veille de la mort de Staline, l'histoire du complot des médecins juifs. Je ne suis pas à proprement parler naïf, mais ne pas soupçonner la manipulation dont on peut être victime relève quand même d'un certain excès de confiance.

On sent chez vous un souci de créer de la cohérence, même rétrospective, dans votre parcours. Quand vous évoquez votre action au sein de l'Économie sociale et solidaire, vous faites souvent référence à la Résistance : vous tirez un fil entre ces deux moments. Quant à votre période communiste, vous semblez la regarder avec une certaine tendresse... La psychanalyse n'est-elle pas là, aussi, pour nous aider à voir les cohérences intimes entre des actions pourtant très divergentes de notre existence ?

Vue rétrospectivement, ma période communiste peut être décrite comme un tunnel, mais, sur le moment, je n'avais pas l'impression d'être bridé, au contraire. *Ex post*, on peut parfois éprouver des regrets, mais par rapport au reste de ma vie, et la Résistance et la période communiste ont été des éléments de formation, même pour le banquier que j'ai été.

D'abord, cela m'a appris à raisonner en termes de lignes de force. J'entends par là : ne pas prendre les attitudes des gens que vous avez en face de vous comme des comportements simplement individuels et affectifs, mais les replacer dans un environnement, une force collective plus importante — de façon à identifier les facteurs qui divisent celle-ci, et ceux qui peuvent, au contraire, l'unir. Des groupements se constituent, au sein de la société, qui ont des conflits d'intérêts, exacerbés, souvent, par l'ego des personnes qui essaient d'en tirer parti. Si on ne met pas à plat les intérêts des uns et des autres, on n'arrive pas à créer les conditions d'une coopération. Dans le groupe que j'ai formé ensuite, je trouvais important de m'appuyer sur le comité d'entreprise ou les actionnaires banquiers, de comprendre qu'il y avait un jeu de forces auquel on ne pouvait pas échapper : il fallait simplement le comprendre et, ce faisant, on résolvait beaucoup de conflits.

Outre l'épisode du Parti communiste, je pourrais trouver une incohérence au fait d'avoir été banquier. Par rapport à ce que je pense aujourd'hui du rôle de la finance et à mon histoire communiste, c'est un vrai problème. Pendant toute cette période de la banque, j'ai eu à maîtriser des conflits, avec les actionnaires, les clients, les salariés, les pouvoirs publics, à éviter l'excès de confiance ou l'envie de baisser les bras. C'était à la fois un rappel de mon passé de résistant et de communiste, et une amorce de ce que je fais aujourd'hui dans le domaine de l'Économie sociale et solidaire.

J'essaie de tirer un fil, mais personne ne se conduit ni ne se construit de façon toujours rationnelle : il y a les accidents de la vie. Il y a aussi ceux que l'on provoque par une sorte de déclic anticipateur plus ou moins conscient. Ainsi, peu après la Libération, petit-fils de celui qui avait été maire de Chaumont près de quarante ans et auréolé par ma Résistance et mes titres universitaires, j'étais le jeune candidat idéal pour être élu maire sur une liste radicale bien modérée. Mes articles virulents dans le *Haut-Marnais républicain* m'ont aliéné les notables et ont flingué ma candidature. Il s'agissait sans doute d'une façon toute inconsciente de me préserver d'ambitions contraires au sens de ma vie.

Vous considérez-vous comme un idéaliste ?

Je ne sais pas très bien ce que signifie ce mot. Je me rapporterais plus volontiers à la recherche d'un sens autre que l'intérêt personnel : celui-ci existe, certes, mais il est moins riche d'émotions que l'intérêt pour autrui. Je ne crois pas intéressante une vie qui se résumerait au seul intérêt individuel. Cela, je l'ai ressenti très tôt, dès l'école et ma préadolescence. Est-ce de l'idéalisme, de l'anti-utilitarisme ? Très rapidement, un problème qui se rétrécit au point de ne concerner que moi me lasse et, de ce fait, je manque de désir, et j'ai envie de retrouver ce désir. Par exemple, j'ai cru trouver le désir dans mes fonctions de banquier : pendant dix ans, j'ai bâti ce qui m'intéressait du point de vue du mélange entre intérêt privé et intérêt public, du point de vue de la gouvernance, de la relation avec les salariés, avec mes clients, jusqu'au jour où je me suis rendu compte que tout cela avait été facile à construire, dans une montée formidable du chiffre d'affaires mais que, la crise arrivant, et certaines de mes positions politiques rendant les choses difficiles, je ne pouvais plus trouver du sens à l'intérieur de ce groupe. Mais pendant un certain temps, j'avais été passionné par le développement du nombre de mes agences, ou l'augmentation de mes cours en bourse. Tout cela me semblait avoir une signification. Et quand cela n'a plus rien voulu dire, j'ai commencé à vouloir partir ailleurs.

Il n'en reste pas moins curieux, pour quelqu'un qui sort de la Résistance et reste dix ans au Parti communiste après un séjour à Moscou, de devenir banquier — et ce, même si le directeur de cellule du Parti communiste me l'avait prédit! En devenant banquier, j'arrivais dans un monde qui n'était pas le mien. Quand j'étais entré dans l'administration, c'était parce que j'avais le sentiment — alors, beaucoup plus largement partagé qu'aujourd'hui — de la noblesse du métier: à mes yeux, la fonction publique était un endroit où l'on ne gagnait pas d'argent mais qui avait du sens, puisqu'on travaillait pour l'intérêt général et le bien public. Qu'allais-je faire dans une banque? Privée, de surcroît, à une époque où ne dominaient, en France, que les quatre grandes banques nationalisées par le général de Gaulle en 1945?

Examiner cette question me ramène une nouvelle fois à mon itinéraire général, à ses ruptures et ses « médiations » — rupture par rapport à mon milieu, en entrant dans la Résistance; recherche d'un monde nouveau en Union soviétique et dans le communisme; rupture avec la fonction publique et, non pas avec mes convictions mais, en tout cas, avec le contexte lié à mes convictions, en devenant banquier; rupture avec la banque; rupture, enfin, avec le socialisme de François Mitterrand…

Mais il est vrai, aussi, que, en vertu d'une incorrigible curiosité, j'ai constamment été attiré par ce qui se passait ailleurs. Quand j'étais dans la Résistance, j'ai eu envie de savoir comment et pourquoi se battaient les résistants communistes. Puis, une fois dans ma vie de communiste, j'ai passé beaucoup de temps dans le Mouvement de la paix, mouvement d'élargissement à tous les résistants, au sein duquel les communistes apparaissaient sous une lumière tamisée — tout en m'intéressant à l'économie politique et, particulièrement, à la macroéconomie des économistes non marxistes, ce qui fut, finalement, la cause de ma disgrâce auprès de Thorez. Puis, c'est ainsi que je suis allé aux États-Unis. Dans mon ambivalence entre rupture et médiation, l'Union soviétique me faisait pencher vers la rupture; les États-Unis m'ont fait revenir vers la médiation. J'y ai vu la société de consommation en train de se former, la puissance de l'argent, mais j'ai vu aussi à quel point les gens savaient se parler, organiser de vrais débats démocratiques.

Je dois à mon optimisme d'avoir toujours été certain que j'allais pouvoir imprimer ma marque sur les choses, les événements. J'essaie donc, j'y arrive parfois. Ce sont des rêves interrompus, mais qui ne sont pas sans me donner l'élan pour les poursuivre d'une autre façon.

Lors de la remise de votre décoration de grand officier de la Légion d'honneur, Martine Aubry a déclaré : « Je crois qu'on peut d'abord dire que ce qui vous a toujours engagé, c'est une foi en l'homme, dans tous les hommes et à tout moment de votre vie. » C'est un beau compliment !

Il est vrai que la nature de mon engagement n'est pas conflictuelle. Je n'ai de cesse de rechercher des solutions acceptables par chacun à un moment donné. Je n'aime pas tout à fait ce côté de moi-même ; j'aime ma foi, mon engagement, ma recherche de l'absolu ; mais ma propension à comprendre les autres et à relativiser me fait peur. C'est sans doute l'une des raisons pour lesquelles j'ai adhéré si fortement au Parti communiste, qui me défendait de cette tendance. C'était une défense contre le risque de me compromettre avec une bourgeoisie que j'avais abandonnée mais que je ne trouvais pas pour autant sans mérite.

Vous n'arriviez pas à la détester…

Non. Si je suis un homme de foi, très souvent j'ai le sentiment que je suis garanti contre les risques de dérive par un petit génie qui se manifeste sous des formes diverses — à bien des reprises, mon épouse, Nicole, a été mon petit génie.

Cette image est née lors d'une conversation avec Françoise Giroud qui, dans l'un de ses livres, évoque un petit génie nommé « Arthur ». J'ai finalement quitté le Parti communiste, puis la banque, évité de mauvais engagements, pour des raisons qui n'ont peut-être pas toutes été entièrement ou clairement formulées. Vous me demandiez pourquoi j'avais cette capacité de rassembler ; pourquoi, aussi, ai-je cette capacité de tenir une sorte de fil rouge, à travers de fortes oscillations ? Il semble y avoir quelque chose en moi qui m'aide à « flairer » les dérives possibles.

Est-ce ce « petit génie » qui vous sert de repère et vous permet de compenser ce que vous appelez votre « absence de paranoïa » ?

Ce trait de personnalité qui, d'une certaine façon, est une qualité, peut devenir un gros défaut. Comme j'ai foi dans les autres, je leur fais confiance : a priori, je ne pense pas avoir devant moi un salaud.

Pour un ancien résistant, c'est d'autant plus étonnant que la méfiance était sans doute votre quotidien.

Oui, ce manque de paranoïa peut entraîner de l'imprudence quand on est résistant… et de la naïveté quand on est banquier : on est la cible idéale des manipulateurs.

Pendant la Résistance, il y a un endroit où je me suis toujours senti très mal : lorsque j'allais à Lyon prendre des instructions, je redoutais partout des souricières. D'ailleurs, ce n'était pas infondé : chaque semaine, nous entendions parler d'une nouvelle arrestation. Lyon était un endroit exaltant mais funeste. Inversement, quand j'étais dans la Drôme, je me sentais totalement protégé : j'avais plus de renseignements sur la Gestapo que la Gestapo n'en avait sur nous, je connaissais les informations qu'ils détenaient sur moi.

Vous avez en tout cas un dynamisme qui continue d'étonner tous ceux qui vous côtoient. Dans le discours que vous avez prononcé en réponse à Martine Aubry, vous vous excusiez pour votre « énergie persistante ». Comment l'expliquez-vous ?

Je ne l'explique pas, je ne me vois pas vivre autrement. C'est un cadeau de la nature, comme on peut en recevoir des tas. Prenez Stéphane Hessel : ce qu'il a accompli est plus exceptionnel que ce que j'ai pu vivre ou accomplir en tant que résistant. Or lui-même le dit : revenir de déportation demande bien sûr une énergie personnelle hors du commun, mais aussi un concours de chances formidables. Ne jamais être au mauvais endroit au mauvais moment, mais toujours au bon endroit pour pouvoir trouver une solution. Les gens qui sont revenus d'Auschwitz, c'est stupéfiant, les chances qu'ils ont eues — mais aussi, bien sûr, leur énergie pour s'en sortir.

En ce qui me concerne, j'ai l'impression que la Résistance a été un concours de circonstances continuel : on jouait aux gendarmes et aux voleurs, et certains, comme moi — mais pas tous, hélas ! —, ont réussi à ne jamais rencontrer de gendarme. Arriver à l'âge de quatre-vingt-huit ans, c'est aussi un concours de chances formidable — ça veut dire, notamment, que telle artère ne s'est pas bloquée au mauvais moment. Le problème est que certains vivent sans saisir leur chance. Savoir le faire est sans doute aussi un cadeau de la nature.

Aujourd'hui encore, vous avez un emploi du temps extrêmement chargé... Nombre de personnes bien plus jeunes que vous doivent vous envier cette énergie !

Il n'empêche que j'aime mieux, par exemple, que mes rendez-vous soient le matin que le soir : je fatigue très vite, en fin de journée. Et, au fur et à mesure que l'âge vient, la fatigue intellectuelle se fait sentir à son tour, sous forme de stress : on dort moins bien, on abandonne les réunions du soir, on se sent beaucoup mieux quand on rentre de vacances… Ce sont des choses que j'accepte sans angoisse.

Le plaisir que vous semblez prendre à vivre, diriez-vous qu'il est l'un des moteurs de votre vitalité ? Beaucoup de vos proches vous considèrent comme un épicurien.

Oui, je prends… tous les plaisirs qu'on m'offre.

« Je prends mon pied », alliez-vous dire !

Je prends mon pied autant que je peux, et continue à tirer le plus grand plaisir de mes relations aux autres. C'est sans doute aussi là que je puise mon énergie : dans le refus du repli. Ce qui fait vieillir vite, c'est un intérêt tourné sur soi seul, comme cela se produit bien souvent.

Vous êtes un animal social, mais aimez-vous la solitude ?

Oui, j'ai à la solitude le même rapport qu'au travail. On me dit souvent : « C'est fou ce que tu aimes le travail ! » Oui. Mais c'est fou aussi ce que j'aime ne plus travailler. En vacances, je décroche immédiatement. De même, si je me plonge volontiers dans la vie active, si j'apprécie les contacts humains, une longue période de solitude absolue ne me pèse pas du tout, au contraire. Il y a des moments où on a besoin de faire silence.

Table

Un combattant du XXIe siècle

Bibliographie de Claude Alphandéry

L'Amérique est-elle trop riche ?, Calmann-Lévy, 1960

Pour une politique du logement, Le Seuil, 1965

Les prêts hypothécaires, PUF, 1976

Les Structures d'insertion par l'activité économique, La Documentation française, 1990

Insertion sociale et économie, La Documentation française, 1993

Vivre et résister, Descartes et Cie, 1999

De la galère à l'entreprise : pour de nouvelles formes de financement solidaire, l'expérience de France Active, Charles Léopold Mayer, 2002

Conception éditoriale
et conduite des entretiens : Thomas Bout
Conception graphique : Stéphanie Boulay
Photographies : France Active / Contextes
Gravure : Point 4
Transcription : Anne-Laure Blusseau
Relecture : Anne de Bergh et Anne-Laure Blusseau

Édition : Thomas Bout et Anne Fitamant Peter

Le papier de cet ouvrage – ARCTIC PAPER MUNKEN BLANC 90 g – est composé de fibres naturelles, renouvelables, recyclables et fabriquées à partir de bois provenant de forêts plantées et cultivées expressément pour la fabrication de pâte à papier.

N° d'impression : 102154
Imprimé en France
Par la Nouvelle Imprimerie Laballery

Band 145 James F. Fixx
Rätsel und Denkspiele mit Seitensprung

Band 146 Rose-Marie und Rainer Hagen
Meisterwerke europäischer Kunst
als Dokumente ihrer Zeit erklärt

Band 147 Astrid und Joachim Knuf
Amulette und Talismane

Band 148 Renée Violet
Kleine Geschichte der japanischen Kunst

Band 149 Lawrence Treat
Detektive auf dem Glatteis

Band 150 Alexandra Lavizzari-Raeuber
Thangkas Rollbilder aus dem Himalaya

Band 151 Hartmut Kraft
Psychoanalyse, Kunst und Kreativität heute

Band 152 Peter F. Dunkel
Schattenfiguren – Schattenspiel

Band 153 Ingeborg Ebeling
Masken und Maskierung

Band 154 Hans Biedermann
Höhlenkunst der Eiszeit

Band 155 Ulrich Namislow
Oktagram

Band 156 Herbert Alexander Stützer
Kleine Geschichte der römischen Kunst

Band 157 Paul Maenz
Die 50er Jahre

Band 158 Jack B. Rochester/John Gantz
Der nackte Computer

Band 159 Anita Rolf
Kleine Geschichte der chinesischen Kunst

Band 160 Felix Freier/Norbert Sarrazin
Fotos: Selbst entwickeln – Selbst vergrößern

Band 161 Wilhelm Fraenger
Von Bosch bis Beckmann

Band 163 Harald Küppers
Die Farbenlehre der Fernseh-, Foto- und Drucktechnik

Band 164 Nora Gallagher
Wohnzimmerspiele – alt und neu

Band 165 Renate Berger/
Daniela Hammer-Tugendhat (Hrsg.)
Der Garten der Lüste

Band 166 Karl Graak
Künstler-Spielkarten des 20. Jahrhunderts

Band 167 Eckhard Neumann (Hrsg.)
Bauhaus und Bauhäusler

Band 168 Alan Robbins
Das Geheimnis des Goldenen Jaguar

Band 169 Wolfgang Kemp (Hrsg.)
Der Betrachter ist im Bild

Band 170 Hans Sedlmayr
Die Revolution der modernen Kunst

Band 171 Ernst H. Gombrich
Eine kurze Weltgeschichte für junge Leser

Band 172 Peter Schickele
Die endgültige Biographie des P. D. Q. Bach

Band 173 Eve-Marie Helm
555 Teekessel

Band 174 Abbie Salny/Marvin Grosswirth
m. d. Mitgliedern von Mensa
Phantastische Mensa-Rätsel

Band 175 Beatrice Frehn/Thomas Krings
Afrikanische Frisuren

Band 177 Vittorio Lampugnani
Architektur als Kultur

Band 178 Michael Koulen
Go

Band 179 Ingeborg Kappler
Gestalten mit Sand

Band 180 Walter Dohmen
Der Tiefdruck

Band 181 Stephan Schmidt-Wulffen
Spielregeln

Band 182 Martin Schuster
Kunsttherapie

Band 183 Bazon Brock/Hans Ulrich Reck/
Internationales Design Zentrum Berlin e.V. (Hrsg.)
Stilwandel

Band 184 Wilfried Hansmann
Balthasar Neumann

Band 185 Manfred Görgens
Kleine Geschichte der indischen Kunst

Band 186 Veruschka und Gábor Bódy (Hrsg.)
Video in Kunst und Alltag

Band 187 Michael Laver
Jeder gegen jeden

Band 188 Ralph Tegtmeier
Tarot

Band 189 Marie Luise Syring
Kunst in Frankreich

Band 190 Peter Bolz/Bernd Peyer
Indianische Kunst Nordamerikas

Band 191 Abbie Salny/Marvin Grosswirth
m. d. Mitgliedern von Mensa
Das endgültige Mensa-Quiz-Buch

Band 192 Karl-Heinz Koch
... lege Spiele!

Band 193 Gerald Kahan
$E = mc^2$

Band 194 Bernhard Streck
Wörterbuch der Ethnologie

Band 87 Hans Giffhorn
Kritik der Kunstpädagogik

Band 88 Thomas Walters (Hrsg.)/
Gabriele Sterner
Jugendstil-Graphik

Band 89 Ingeborg Tetzlaff
Griechische Vasenbilder

Band 90 Ernesto Grassi
Die Theorie des Schönen in der Antike

Band 91 Hermann Leber
Aquarellieren lernen

Band 93 Joost Elffers/Michael Schuyt
Das Hexenspiel

Band 94 Kurt Schreiner
Puppen & Theater

Band 95 Karl Hennig
Japanische Gartenkunst

Band 96 Hans Gotthard Vierhuff
Die Neue Sachlichkeit

Band 98 Karl Clausberg
Kosmische Visionen

Band 99 Bernd Fischer
Wasserburgen im Münsterland

Band 100 Peter-T. Schulz
Der olle Hansen und seine Stimmungen

Band 101 Felix Freier
Fotografieren lernen – Sehen lernen

Band 103 Kurt Badt
Die Farbenlehre van Goghs

Band 104 Wilfried Hansmann
Die Apokalypse von Angers

Band 105 Rolf Hellmut Foerster
Das Barock-Schloß

Band 107 Joost Elffers/
Michael Schuyt/Fred Leeman
Anamorphosen

Band 108 Götz Adriani/
Winfried Konnertz/Karin Thomas
Joseph Beuys

Band 109 Bernd Fischer
Hanse-Städte

Band 110 Günter Spitzing
Das indonesische Schattenspiel

Band 111 Gerd Presler
L'Art Brut

Band 113 Jan Bialostocki
Stil und Ikonographie

Band 114 Peter-T. Schulz
Der Kuckuck und der Esel

Band 115 Angelika Hofmann
Ton – Finden, Formen, Brennen

Band 116 Sara Champion
DuMont's Lexikon archäologischer Fachbegriffe und Techniken

Band 117 Rosario Assunto
Die Theorie des Schönen im Mittelalter

Band 119 Joachim Petsch
Geschichte des Auto-Design

Band 120 Gabriele Grünebaum
Buntpapier

Band 121 Renate Berger
Malerinnen auf dem Weg ins 20. Jahrhundert

Band 122 Horst Schmidt-Brümmer
Wandmalerei zwischen Reklamekunst, Phantasie und Protest

Band 123 Fritz Winzer
DuMont's Lexikon der Möbelkunde

Band 124 Walter Dohmen
Die Lithographie

Band 125 Ulrich Vielmuth/
Pierre Kandorfer (Hrsg.)
Fachwort-Lexikon
Film · Fernsehen · Video

Band 126 Christian Kellerer
Der Sprung ins Leere

Band 127 Peter-T. Schulz
Rapunzel

Band 128 Lu Bro
Wie lerne ich Zeichnen

Band 129 Manfred Koch-Hillebrecht
Die moderne Kunst

Band 130
Bettina Gruber/Maria Vedder
DuMont's Handbuch der Video-Praxis

Band 131 Anneliese und Peter Keilhauer
Die Bildsprache des Hinduismus

Band 132 Reinhard Merker
Die bildenden Künste im Nationalsozialismus

Band 133 Barbara Salberg-Steinhardt
Die Schrift:
Geschichte – Gestaltung – Anwendung

Band 134 Götz Pochat
Der Symbolbegriff in der Ästhetik und Kunstwissenschaft

Band 135 Karlheinz Schüssler
Die ägyptischen Pyramiden

Band 136 Rainer Harjes
Handbuch zur Praxis des Freien Theaters

Band 137 Nikolaus Pevsner
Wegbereiter moderner Formgebung

Band 139 Peter-T. Schulz
Guten Tag! Eine Gulliver-Geschichte

Band 140 Horst Schmidt-Brümmer
Alternative Architektur

Band 141 Herbert Alexander Stützer
Die Kunst der römischen Katakomben

Band 142 Rudolf Wittkower
Allegorie und der Wandel der Symbole in Antike und Renaissance

Band 143 Martin Warnke (Hrsg.)
Politische Architektur

Band 144 Miriam Magall
Kleine Geschichte der jüdischen Kunst

DuMont Taschenbücher

Stand Frühjahr '87

Band 2 Horst W. und Dora Jane Janson
Malerei unserer Welt

Band 3
August Macke – Die Tunisreise

Band 4 Uwe M. Schneede
René Magritte

Band 6 Karin Thomas
DuMont's kleines Sachwörterbuch zur Kunst des 20. Jahrhunderts

Band 8 Christian Geelhaar
Paul Klee

Band 12 José Pierre
DuMont's kleines Lexikon des Surrealismus

Band 13 Joseph-Émile Muller
DuMont's kleines Lexikon des Expressionismus

Band 14 Jens Christian Jensen
Caspar David Friedrich

Band 15 Heijo Klein
DuMont's kleines Sachwörterbuch der Drucktechnik und grafischen Kunst

Band 18 Horst Richter
Geschichte der Malerei im 20. Jahrhundert

Band 23 Horst Keller
Marc Chagall

Band 25 Gabriele Sterner
Jugendstil

Band 26 Jens Christian Jensen
Carl Spitzweg

Band 27 Oto Bihalji-Merin
Die Malerei der Naiven

Band 29 Herbert Alexander Stützer
Die Etrusker und ihre Welt

Band 30 Johannes Pawlik (Hrsg.)
Malen lernen

Band 31 Jean Selz
DuMont's kleines Lexikon des Impressionismus

Band 32 Uwe M. Schneede
George Grosz

Band 33 Erwin Panofsky
Sinn und Deutung in der bildenden Kunst

Band 35 Evert van Uitert
Vincent van Gogh

Band 38 Ingeborg Tetzlaff
Romanische Kapitelle in Frankreich

Band 39 Joost Elffers (Hrsg.)
DuMont's Kopfzerbrecher
TANGRAM

Band 44 Fritz Baumgart
DuMont's kleines Sachlexikon der Architektur

Band 45 Jens Christian Jensen
Philipp Otto Runge

Band 47 Paul Vogt
Der Blaue Reiter

Band 55 Kurt Schreiner
Kreatives Arbeiten mit Textilien

Band 56 Ingeborg Tetzlaff
Romanische Portale in Frankreich

Band 57 Götz Adriani
Toulouse-Lautrec und das Paris um 1900

Band 58 Hugo Schöttle
DuMont's Lexikon der Fotografie

Band 59 Hugo Munsterberg
Zen-Kunst

Band 60 Hans H. Hofstätter
Gustave Moreau

Band 63 Hans Neuhaus
Werken mit Ton

Band 65 Harald Küppers
Das Grundgesetz der Farbenlehre

Band 66 Sam Loyd/Martin Gardner (Hrsg.)
Mathematische Rätsel und Spiele

Band 69 Erich Burger
Norwegische Stabkirchen

Band 70 Ernst H. Gombrich
Kunst und Fortschritt

Band 71 José Pierre
DuMont's kleines Lexikon der Pop Art

Band 72 Michael Schuyt/Joost Elffers/Peter Ferger
Rudolf Steiner und seine Architektur

Band 73 Gabriele Sterner
Barcelona: Antoni Gaudi

Band 74 Eckart Kleßmann
Die deutsche Romantik

Band 77 Wolfgang Hainke
Siebdruck

Band 78 Wilhelm Rüdiger
Die gotische Kathedrale

Band 80 Rainer Wick/Astrid Wick-Kmoch (Hrsg.)
Kunst-Soziologie

Band 81 Klaus Fischer
Erotik und Askese in Kult und Kunst der Inder

Band 83
Ekkehard Kaemmerling (Hrsg.)
Bildende Kunst als Zeichensystem 1

Band 84 Hermann Leber
Plastisches Gestalten

Band 85 Sam Loyd/Martin Gardner (Hrsg.)
Noch mehr Mathematische Rätsel und Spiele

Aquarellieren lernen

Künstlerische Methoden – Geschichtliche Zusammenhänge – Technische Voraussetzungen

Von Hermann Leber. 215 Seiten mit 36 farbigen und 71 einfarbigen Abbildungen, Literaturhinweisen, Bezugsquellenhinweisen, Personen- und Sachregister (Band 91)

»Lebers Aquarellkunde ist nicht einfach eine Anleitung für Hobby-Maler. Auch in der Technik Arrivierte können davon profitieren; denn der Autor erläutert anhand historischer Beispiele, wie das Aquarell – seit Dürer – Kunstgeschichte gemacht hat, und er demonstriert anhand eigener Blätter, wie man sich den verschiedenen Bildgattungen kompositorisch nähern kann.« *Kieler Nachrichten*

Malen lernen

Eine Einführung in künstlerische Maltechniken

Herausgegeben von Johannes Pawlik. 256 Seiten mit 45 farbigen und 40 einfarbigen Abbildungen, Sachregister, Literaturhinweisen, ›Wo bekommt man welches Material?‹ (Band 30)

»Sauber gegliedert, übersichtlich gestaltet und anregend geschrieben informiert das Buch über Malgründe, Werkverfahren und Werkzeuge, Farbmittel und Farbsysteme, Öl-, Tempera-, Aquarell- und Gouachen-Malerei, über Formate, Komposition und Bildpflege – kurz, über alles für den Freizeitmaler Wissenswerte. Gleichzeitig dient es Studenten und Kunsterziehern als kompaktes, handgreifliches Nachschlagewerk.«
Format

Wie lerne ich Zeichnen

Ein Lehr- und Studien-Buch

Von Lu Bro. 342 Seiten mit 9 farbigen und 251 einfarbigen Abbildungen, Literaturhinweisen, Register (Band 128)

Das Grundgesetz der Farbenlehre

Von Harald Küppers. 216 Seiten mit 66 farbigen und 86 einfarbigen Abbildungen, Bezugsquellenverzeichnis, kommentierten Literaturhinweisen (Band 65)

»Der Autor gibt mit diesem Taschenbuch eine allgemeingültige und allgemeinverständliche Farbenlehre, die auf wissenschaftlich gesicherten Fakten aufbaut. Es werden alle Disziplinen und Anwendungsgebiete der Farbe einbezogen.« *Graphik*